이타적 자존감 수업

이타적 자존감 수업

공부력 · 창의력 · 사회성 높이는 인성교육의 비밀

| 이상준 지음 |

다산
에듀

자작나무 가지 위에 흰 눈이 소복이 쌓인 크리스마스 밤, 미국 워싱턴주 시애틀의 주택가. 한 가족이 식탁에 둘러앉아 대화를 나누고 있습니다. 엄마가 어린 아들에게 묻습니다.

"헨리야, 오늘은 구세군 자선냄비에 얼마를 넣었니?"

마이크로소프트 기술 고문이자 세계 일류 갑부인 윌리엄 헨리 게이츠(빌 게이츠)와 그의 어머니 메리 게이츠의 대화 내용입니다. 이 내용은 그가 몇 년 전 미국의 어머니날 SNS를 통해 회상한 어린 시절의 한 장면입니다.

저는 짧지 않은 기간 동안 인성교육을 연구해 왔습니다. '인성'을 주제로 고민을 시작한 날로부터 벌써 10여 년이 흘렀고, 약 5년 전부터 이 내용으로 인성교육에 관련한 책을 쓰기 위해 본격적인 연구를 시작했습니다.

그동안 연구한 내용을 엮던 중 문득 '빌 게이츠 회장

처럼 훌륭한 인물을 키워낸 부모들은 아이의 인성을 기르기 위해 어떤 노력을 했을까?' 하는 궁금증이 생겼습니다. 그래서 자료를 유심히 들여다보다가 그만 흠칫 놀라고 말았습니다. 제가 그간 심혈을 기울여 준비했던 인성교육 연구의 핵심이 빌 게이츠 회장 부모의 자녀 양육 방식과 놀랄 만큼 많이 닮아있다는 사실을 발견한 것입니다.

인성이 '사회적 성공'을 결정한다

하버드대학교에 너끈히 입학할 정도로 뛰어난 학업 실력, 30대 초반에 이미 세계적인 갑부가 된 빌 게이츠. 그가 펼치는 선한 영향력은 테레사 수녀를 능가한다는 주장이 제기될 정도로 명성이 자자합니다. 세상의 좋은 것들은 다 가진 듯한 빌 게이츠 회장의 오늘은 어떻게 만들어진 것일까요? 그가 말한 자신의 어머니에 대한 기억에서 유력한 실마리를 찾을 수 있었습니다.

> "어머니는 다른 사람을 도우려 하는 너그러운 마음이
> 세상에서 가장 큰 분이셨습니다."

한강이 영월 동강에서 시작되는 것처럼 부모의 가르

침과 행실이 오늘의 그를 있게 한 발원지였던 것입니다.

'부모의 선행은 자녀에게 돌아간다'라는 옛말이 있습니다. 부모의 인성교육이 아이의 인성 함양은 물론 학업 성취와 사회 성공, 이 세 가지에 결정적 역할을 한다는 사실이 최근 과학적 이론으로도 속속 밝혀지고 있습니다.

이는 수십 년 전 발견된 정서지능(EQ)의 가치보다 한 단계 더 진보된 것으로, 최근의 뇌과학계가 교육 분야에 공헌한 최대의 학문적 성과 중 하나이기도 합니다. 이에 관한 내용은 이 책에서 자세히 설명할 것입니다.

인성교육의 3대 핵심 요소

저는 인성교육 연구의 일환으로 숱한 뇌과학 이론들을 연구하기 시작했습니다. 상당한 분량의 뇌과학 서적과 기사, 연구논문을 조사하면서 머릿속에 모델 하나가 자연스럽게 만들어졌지요. 그것은 '인성-정서조절-자존감' 인성교육의 3대 요소가 유기적으로 통합된 개념입니다.

뇌과학이 발전하기 전까지 인성교육은 '이성'과 '감성', 즉 냉철한 머리와 따뜻한 가슴이라는 이분법적 사고로 구별되었습니다. 두 덕목을 동시에 교육해야 전인적인 교육이 조화롭게 완성되는데, 지금까지는 이성능력계발과 감성계발을 따로 분리해 각각 교육하는 개념이었지요. 그러나 뇌과학 이론에 따르면 감정을 주관하는 부위는 심장이 아니라 '뇌'입니다. 뇌의 메커니즘을 이해하면 이성과 감성이 통합 개발될 수 있습니다.

이런 뇌과학적 배경하에 저의 연구는 지속되었고, 그 결과 이타심, 고등지능 등 고차원적 기능을 담당하는 부위를 묶어 '지성의 뇌(전두엽 등)'로. 이기심, 감정 등 원초적 본능을 담당하는 부위를 묶어 '야성의 뇌(변연계 등)'로 구분할 수 있었습니다. 인성의 좋고 나쁨은 서로 길항작용을 하는 지성의 뇌와 야성의 뇌 사이의 통제와 조절에 의해 결정된다는 사실을 독자 여러분도 곧 이해하게 될 것입니다.

저는 서울대학교와 대학원에서 경영학을 전공한 뒤 현업에 종사하다가 뒤늦게 인성교육의 중요성을 깨닫고 이 분야에 매력을 느껴 오랜 시간을 연구에 몰두해 왔습니다. 연구 초기에는 존경하는 선배 연구자들이 이뤄 놓은 훌륭한 인성교육 관련 성과물들을 통해 많이 배울 수 있었고, 큰 도움을 받을 수 있었습니다. 다만 오랫동안 면밀하게 연구 검토해 본 결과, 몇 가지 면에서 기존의 인성교육에서 주장하는 내용과 조금 다른 의견이 있어 소개해 볼까 합니다.

첫째, '인성의 정의'입니다. 인성의 정의가 워낙 넓고 방대하다 보니 실제 가정이나 학교 현장에서 아이들의 인성교육에 구체적으로 적용하는 일이 상당히 어렵습니다. 저는 바로 이 문제를 개선하기 위해 많은 시간을 투자했습니다. 그 결과, 정직, 친절 등 인성의 여러 덕목을 관통하는 핵심은 바로 '이타심'이며, 이타심의 수준을 높여주는 교육이야말로 진정한 인성교육이라는 결론에 도달했습니다. 이타심이라는 단일 개념으로 인성에 접근할 때 명확한 길이 보이고, 실제 교육에서도 적용 가능성을 높일 수 있습니다. 그리고 그 방법에 대해 책에서 자세히 설명하고자 합니다.

둘째, '정서조절력'입니다. 인성교육에서 정서조절력은 비중 있게 다뤄야 할 중요한 능력입니다. 하지만 핵심은 정서조절력을 키우는데 감정에만 치우치면 안 된다는 것입니다. 짜증이나 화, 슬픔 등 아이의 감정을 존중해 주는 일은 수단일 뿐입니다. 감정코칭의 본질과 근본 목적은 아이를 독립된 인격체로 '존중'해 주는 것입니다. 지금껏 인성교육을 다루고 있는 책이나 자료를 살펴본 결과, 어떤 책들은 아이의 감정 표현을 돕고 극대화시켜 주는 것에만 집중한다는 느낌을 받았습니다.

어린아이들은 다양한 감정을 익히고 분출시키는 과정을 통해 건강한 감정 표현 방법을 배웁니다. 하지만 그렇다고 해서 모든 감정에 너그러운 태도를 보인다면 여러분의 아이는 정작 중요한 타인에 대한 존중과 배려를 배울 수 있는 적기를 놓칠 수도 있습니다. 친구에 대한 미움과 질투까지 마음껏 품도록 관망해서는 안 된다는 이야기입니다. 슬픔의 경우도 적절히 자신의 슬픈 마음을 분출시키는 것이 좋지, 아이를 울보로 만드는 양육 방식을 허용해서는 안 됩니다.

셋째, '자존감'입니다. 자존감은 어린 시절 인성교육 분야뿐만 아니라 성인들에게도 매우 중요한 주제이지요. 하지만 자존감 개념이 제대로 정립되지 못해 자신감이나 우월감으로 오용되는 경우도 적지 않습니다. 가령 아이가 '내가 최고야!' 하는 걸 방치하고 조장해서 아이의 이기심을 높이는 경우입니다. 자존감을 '자신이 인식하고 있는 스스로에 대한 가치'라고 한마디로 정의할 수 있지만 사실 쉽고 가볍게 논할 수 있는 단순한 개념은 아닙니다. 한 사람의 자존감은 '이타적 자존감(나는 이 세상에 도움을 주는 가치 있는 사람)'과 '이기적 자존감(나는 다른 사람보다 가치 높은 사람),' 그리고 '생존적 자존감(나는 세상에 살 만한 가치가 있는 사람)', 이 세 가지 자존감으로 이

뤄진 상당히 복합적이고 심오한 개념입니다.

저는 이 책에서 자존감에 대해 그동안 동서양의 어떤 문헌에서도 제시된 바 없는 차별적인 개념을 제시하였습니다. 인성교육을 넘어 학부모님과 선생님들을 비롯한 우리 어른들의 삶에도 적용되는 내용입니다. 그것이 과연 차별성만 있는 것으로 끝나는지는 여러분께서 직접 확인해 보시기 바랍니다.

2015년 5월의 어느 따사로운 봄날. 서울대학교 관정 도서관에서 열린 제1회 서울대 명예교수협의회 인성교육집담회에 간사로 참여하면서 본격적으로 시작된 제 인성교육 연구는 이 책의 출간을 계기로 이렇게 매듭을 짓습니다. 5년이 넘는 기간 동안 왕따, 학교폭력으로 얼룩진 우리 아이들의 인성을 어떻게 바로 세울 것인가 하는 문제에 대해 정말 치열하게 고민했습니다.

책이 나오기까지 결코 쉽지 않았던 인고의 세월을 버틸 수 있었던 것은 '우리 사회 인성 회복'이라는 뜨거운 사명감 때문이었습니다.

"인성교육의 범위는 너무 방대하고 어떻게 교육해
야 하는지 정답이 없기 때문에 힘들다."

많은 학교 현장과 가정에서 빈번하게 들리는 목소리입니다. 이 책이 정답이 될 수 있을지는 모르지만 교착상태에 놓인 우리 아이들의 인성교육에 아주 작은 물꼬를 트는 역할을 하길 간절히 바랍니다.

2020년 10월

이상준 씀

목차

2장 인성은 '이타적 자존감'으로 완성된다

3장 아이의 자존감을 키우는 8가지 부모 역할

4장 상황별 실전 인성교육법

5세 이전의 훈육 • 5세 이후의 훈육

훈육 솔루션 ① 이기심이 지나친 상태라는 사실을 깨닫게 한다.

훈육 솔루션 ② 도움 주는 기쁨을 키워준다.

훈육 솔루션 ③ 친절 베풀기 체험을 한다.

상상과 현실을 구분하지 못해서 • 자기 방어를 위해

거짓말로 이익을 얻기 위해

훈육 솔루션 ① 아이의 솔직함을 칭찬해준다.

훈육 솔루션 ② 잘못된 행동에 따르는 책임감을 강화한다.

훈육 솔루션 ③ 거짓말과 아이의 인격을 동일시하지 않는다.

훈육 솔루션 ④ 정직함의 가치를 깨닫게 한다.

길바닥 침실오페라를 펼치는 아이들 • 거친 행동을 하는 아이들

훈육 솔루션 ① 부드러운 태도로 지켜봐 준다.

훈육 솔루션 ② 감정 분출의 대가를 알려준다.

훈육 솔루션 ③ 화를 드러내지 않는 훈련을 한다.

훈육 솔루션 ① 부드럽게 타이른다.

훈육 솔루션 ② 상처주지 않는 훈육을 한다.

훈육 솔루션 ① 자율성을 회복한다.

훈육 솔루션 ② 칭찬을 아끼지 않는다.

공부력 · 창의력 · 사회성 높이는 인성교육의 비밀

1장

'인성'이 최고의 스펙이다

01
인성이란 무엇인가?

얼마 전까지만 해도 '인성'은 '인품'이나 '인격'이라는 단어로 더 많이 쓰였습니다. 하지만 이런 단어들은 초등학생이나 중학생에게 사용하거나 알려주기에는 다소 수준 높은 말이었지요. 어린 아이들이 이 단어에 담긴 책임과 무게를 온전히 이해하기란 쉽지 않은 일이니까요. 그런데 인품과 인격의 자리에 '인성'을 대입하면서 이야기가 조금 수월해졌습니다. 게다가 왕따와 학교폭력 등 여러 사회 문제들이 급격히 증가하면서 잠시 잊고 있었던 인성의 중요성에 대해 다시 짚어보게 되었습니다. 마음 아프지만 이를 계기로 여러분에게 인성의 중요성을 정확히 전달하고 여러분의 아이가 성숙한 인성을 갖춘 사람으로 자라나기를 진심으로 바랍니다.

인성의 재정의

무언가를 제대로 이해하기 위해서는 깊게 파고드는 자세가 필요합니다. '인성'에 대해 이야기를 하고 있으니 지금부터는 인성이 진짜 무엇을 의미하는지부터 알아보려고 합니다.

먼저 한 포털사이트를 통해 인성의 사전적 정의를 찾아보니 '사람의 성품(국립국어원 표준국어대사전)'이라고 설명합니다. 인성을 품기에는 다소 범위가 좁은 것 같아 다른 국어사전을 펼쳐 보았더니 여기에서도 '사람의 성품(고려대 민족문화연구원, 2011)'이라고 똑같이 풀이하고 있네요. 이에 제 나름대로 과거 인성과 동의어로 사용되었던 '인격'과 '인품'의 사전적 정의를 찾아보았고, 세 단어의 뜻을 조합해 보았습니다. '사람의 됨됨이'. 여전히 명쾌한 설명 같지는 않습니다. 이번에는 영영사전을 찾아보았어요. 인성 Personality, '사람의 성품으로 특히 타인을 대하는 행동 방식 Someone's character, especially the way they behave towards other people.'이라고 합니다. 여기서 주목할 대목은 '타인을 대하는 행동 방식'이라는 설명입니다. 제가 여러분께 전달하려는 인성의 핵심 특성을 잘 드러내고 있습니다.

인성은 자신의 내면에 내재된 것이지만 결국 다른 사람을 대하는 나의 태도에 의해 밖으로 드러납니다. 흔히 말하는 '저 사람 인성 좋다 나쁘다'라는 말 역시 '타인과의 관계'에서 비롯된 평가이자 판단입니다. 만약 우리가 아무와도 관계를 맺지 않고 혼자 고립되어 산다면, 혹은 이 세상에 홀로 존재한다면 인성은 별 의미가 없거나 그리 주목할 만한 주제가 되지 못했을 겁니다.

절도, 사기, 상해 또 왕따나 학교폭력과 같은 최악의 인성 사례들이나 미움과 시기, 질투 같은 윤리적 일탈도 없었을 테고, 반대로 희생, 봉사, 기부와 같은 최고의 인성 사례 역시 존재하지 않았을 거예요. 결국 인성은 타인과의 관계를 통해 본격적으로 그리고 진정으로 성립이 가능한 개념입니다.

이런 점에서 인성은 성격이나 개성과도 명확히 구분되어야 합니다. 가령 내향적 또는 외향적 성향은 단지 그 사람이 지닌 남들과 구분되는 기질일 뿐입니다. 타인에게 환영받는 성격이 있고 그렇지 못한 성격도 있습니다만 이를 인성 판단의 기준으로 삼아서는 안 됩니다. 즉 많은 사람들에게 환영받지 못하는 성격을 가졌다고 해서 이를 인성의 문제로 봐서는 안 된다는 것이지요. 타인에게 직접적으로 해를 끼치지 않는다면 이는 개성으로서 존중되어야 합니다. 다소 부정적인 성격이 타인에게 해를 끼치는 요인으로 작용할 가능성이 높은 건 사실입니다. 그렇다면 이는 본인이 자신의 성격을 다스리거나 타인에게 해가 되는 말이나 행동을 제어할 수 있도록 더욱 노력하는 문제이지, 그 자체로 문제가 되는 것은 아닙니다.

가령 부정적인 성격으로 분류되는 성향이 있습니다. 예민하다, 기분파다 등…. 이런 성격을 스스로 개성이라 여겨 타인을 배려하지 않고 있는 그대로 감정을 표출한다면 남에게 상처를 주거나 해를 끼칠 것입니다. 그렇다면 개성이 아닌 인성의 문제로 넘어가겠지요. 하지만 자신의 성격을 제어할 줄 안다면 이는 문제가 되지 않습니다.

세상에는 예민한 사람, 대범한 사람, 부정적인 사람, 긍정적인 사람 등 다양한 성격을 지닌 사람들이 모여 부대끼며 살아갑니다. 인성의 영역은 타인과의 관계 속에서 삼갈 건 삼가고 베풀 건 베푸는가의 문제를 다루는 것이지, 인간의 단점을 죄다 없애고 개성을 지워버리자는 것이 아니라는 사실을 기억하시기 바랍니다.

인성에 문제가 생기는 아이들

대한민국에서 2015년 세계 최초로 인성교육진흥법이 시행되었습니다. 이것은 인성을 법으로 지정해 시행할 만큼 인성 문제가 사회적 문제로 대두되고 있다는 사실을 증명합니다.

그런데 인성교육을 특정 교과목으로 지정하기보다는 교육의 본질은 인성 함양이어야 하고, 아이가 자라면서 겪는 모든 상황, 판단에 인성교육이 함께해야 하는 것입니다. 교사와 부모, 양육자, 형제자매, 친구 등 아이와 함께하는 모든 사람들과의 관계를 통해 아이의 인성이 자라납니다.

제가 어렸을 때는 3대가 모여 대가족을 이루며 사는 가정이 대부분이었습니다. 먹고사는 일이 중요하지 인성교육의 필요성은 딱히 느끼지 못했던 그 시절, 사실상 인성교육의 모든 것은 밥상머리에서 이루어졌습니다. '밥상머리 교육'이라는 말 들어보셨지요? 일부러 가르치지 않아도 부모가 그들의 부모를 대하는 말과 행동을 통해 아이들은 어른을 공경하는 법을 배웠습니다. 형제자매와 부대끼는 일상 속에서 타인을 대하는 태도를 배우고 갈등을 해결하는 방법을 익혔지요.

하지만 지금은 어떠한가요? 시대의 변화에 따라 가족의 구성원이 현저히 줄어들었습니다. 공경할 어른과 함께 부대낄 형제나 친척은 이제 곁에 없습니다. 생활 속에서 인성을 가꿀 시간도 부족합니다. 모두가 속도를 내 앞으로 나아가는 데만 힘을 쏟습니다. 치열한 경쟁을 먼저 경험한 부모들은 아이가 "엄마" 하고 입을 떼기도 전에 영어 노래를 들려주고 숫자를 가르칩니다. 행여나 아이가 학업에서 뒤처지지는 않을까 조바심을 냅니다. 이런 상황에 놓인 부모님들에게 "공부 잘하는 아이로 만들기 전에 인성 바른 아이로 키워야 하지 않을까요?"라고 말하면 어떨까요? 아마 많은 부모님들이 고개를 끄덕이면서도 '하지만'이라는 단서를 붙이실 겁니다.

"하지만 공부할 시간도 부족해요."

"일단 명문대부터 보내놓고 그 다음에 인성에도 신경 쓸게요."

이해는 됩니다. 하지만 고민해 보셔야 합니다. 이렇게 인성보다 스펙 쌓기에 혈안이 된 아이들이 과연 지금 잘 자라고 있습니까? 명문 대학교에 입학하고 대기업에 취업한 아이들, 사회적으로 명망 높은 직업을 갖고 있는 아이들은 겉은 다 자란 성인의 모습을 하고 있지만 속엔 미숙한 코흘리개가 살고 있습니다. 그렇다 보니 여기저기에 잠재돼 있었던 사회적 문제들이 하나둘 터져 나옵니다. 이들은 집단으로 똘똘 뭉쳐 한 친구를 괴롭히는 왕따문화를 탄생시켰고, 나보다 못한 사람들을 무시하고 괴롭히며 갑질문화를 만들어냈습니다. 모두 인성이 미성숙하기 때문이에요. 제때 올바른 훈육을 받지 못한 탓입니다.

이제 조금은 달라져야 합니다. 인성을 최우선의 가치로 두고 바른 아이로 자랄 수 있도록 부모님과 학교 선생님이 나서야 합니다. 인성은 생활 속에서 부대끼는 사람들과의 관계 속에서 또 신체와 정신의 성장 과정에서 차츰 길러지고 완성되는 것입니다. 이 모든 과정들에 아이가 올바른 가치판단과 선택을 할 수 있도록 어른들이 길을 닦아주어야 합니다. 잘 가꾼 인성은 한 사람의 성공과 행복을 좌우합니다.

02

아이의 인생을 결정하는 인성의 힘

우리는 왜 아이를 좋은 인성을 지닌 사람으로 성장시켜야 할까요? 인성이 좋으면 겪는 긍정적인 이유를 생각해 보기 전에 인성이 나빠서 겪게 될 안 좋은 일들을 먼저 살펴보는 편이 어쩌면 더 현실적이라 이해하기 편하실 것 같습니다.

인성이 아이의 삶에 주는 영향

오늘날 아이에게 진심으로 '존경하고 사랑하는 부모님'이라는 호칭을 듣는 부모가 얼마나 될까요? 한평생 피땀 흘려 낳고 키운 아이에게 응당 존경받는 것이 당연하다고 말할 수 있겠지만 현실은 그렇게 녹록지 않습니다. 주위를 보면 부모 자식 간에 사이가 좋지 않거나 감정의 앙금으로 인해 소원한 관계로 남는 경우가 적지 않습니다. 물론 그렇지 않은 가정도 많습니다만 그들에게도 각자 부모에게서 받은 상처가 마음속에 한두 개 쯤은 있을 겁니다.

또 부모가 적절한 훈육을 제때 해주지 못해 아이의 절제력이 턱없이 부족한 경우도 많습니다. 마음의 상처나 약한 절제력은 어떤 식으로든 아이의 인성과 심리에 부정적인 영향을 끼치게 되고, 이로 인해 비정상적인 행동을 반복하게 되는 경우도 비일비재합니다. 쉬운 예로 분노조절장애가 대표적입니다.

가령 다들 좋은 분위기에서 대화하는데 느닷없이 공격적으로 나오거나 심지어 버럭 소리를 지르고 직장 상사나 고객처럼 대들어선 안 되는 사람에게 감정을 드러냈다가 뒷감당을 못 해서 곤경에 처하는 사람들을 여러 번 봤습니다. 뇌의 통제력이 완전히 망가졌다면 일찌감치 병원에 가 치료를 받으면 해결될 수도 있어요. 그러나 부분적으로 손상된 경우, 또 손상된 사실을 인지하지 못한 채 살고 있을 경우에는 좀 다릅니다. 이들은 평소엔 정상적으로 잘 지내다가 예상치 못한 순간에 사고를 칩니다. 문제는 이런 상태에 놓인 사람들이 우리 주위에 굉장히 많다는 사실입니다. 그런 이상 행동들이 아이의 인생을 망가뜨리는 경우도 적지 않고, 다행히 최악의 상황은 면하더라도 어떤 식으로든 부정적인 영향을 미쳐서 아이의 삶의 질을 떨어뜨리고 말 것입니다. 이런 일들이 바로 어린 시절 부모의 잘못된 인성교육에 뿌리를 두고 있는 것입니다.

부모는 아이의 인성 설계자

인성이 좋지 않은 아이를 기르는 것은 부모가 인간으로서 겪을 수 있는 최대의 고통이자 불행 중 하나입니다. 아이가 인성적으로 문제를 일으킬 때마다 '이러다가 우리 아이 잘못되는 건 아닐까?', '아이 인생이 망가지진 않을까?' 하는 부모의 고통은 정말 엄청난 것이지요. 겪어보지 않은 사람은 잘 모릅니다. 우리가 인생에서 여러 고난을 겪지만 차라리 내가 직접 겪는 것이 낫지, 아이의 엇나간 인성으로 인해 발생하는 문제들을 경험한다는 것은 몇 배는 더 괴로운 일입니다.

저 역시 아이들이 자라면서 여러 문제들을 일으킬 때마다 경험한 걱정과 고통은 정말 대단한 것이었습니다. 사업상 어려움이나 부부싸움 등과는 차원이 다른 아픔이었습니다. 만약 아이가 이대로 잘못된다면 돈을 많이 버는 것이 아무런 의미가 없겠다는 생각이 들 정도였어요. 다른 고난들은 비교적 쉽게 극복할 수 있지만 아이 인생은 한번 잘못되면 답을 찾기 어려운 경우가 많기 때문입니다.

혹자는 부모도 인간인데 아이에게 완벽할 수 있겠냐고 항변할 수

27

있습니다. 제가 이 책을 쓴 목적도 아이를 성인군자로 만들기 위함이 아닙니다. 그리고 부모 또한 성인군자와 같은 완벽한 인격을 갖추라고 요구하는 것도 아닙니다. 인간은 완벽할 수 없습니다. 다만 잘못을 최소화할 수 있다면 최대한 노력해 보는 것이 부모 된 도리이지 않을까요? 사랑하는 아이를 위해 해주지 못할 일은 없다고 생각합니다. 올바른 인성교육은 정말 중요합니다.

한 아이가 지닌 인성의 파급력

인성이 좋지 않은 아이로부터 시작된 파급 효과는 부모와 아이 차원에서 끝나는 문제가 아닙니다. 아이를 둘러싼 모든 사람들에게 영향을 줄 수 있습니다. 친구의 물건을 빼앗는다거나, 힘이 약한 친구를 따돌린다거나, 학교의 교칙을 지키지 않는 등 사건이 비일비재하게 발생할 가능성이 높습니다.

같은 부모 밑에서 태어난 형제자매라도 인성은 다 다릅니다. 그중 한 형제나 자매의 인성이 안 좋을 경우에는 다른 형제자매들이 평생 고통받는 경우도 많아요. 우애 있는 형제가 곁에 있으면 평생 힘이 되며, 이런 좋은 형제를 만들어준 부모님께 감사의 마음을 느낍니다. 하지만 형제 중에 인성이 안 좋은 사람이 있다면 평생 고통받으며 '왜 나한테 이런 형제를 만들어주셨지?' 하는 원망이 들고 이 마음이 부모에게까지 미칩니다.

본래 한 사람의 인성이 지닌 파급 효과는 가족뿐만 아니라 친구들, 이웃들 심지어 사회 전체에까지 다다르는 법입니다. 남이라면 인연을 끊어내면 그만이지만 피를 나눈 가족들은 그럴 수도 없지요. 아이의 인성을 올바른 방향으로 이끌어주기 위해 노력하지 않는다면 다른 가족들에게 평생 안고 가야 할 짐을 얹어 주는 것과 같다는 것을 기억하셨으면 좋겠습니다.

인성의 과도기, 사춘기

그동안 인성교육을 어떻게 시켜왔건 아이가 사춘기에 접어들면 한 차례 폭풍이 몰아칩니다. 이는 모든 부모들이 받아들여야만 하는 숙명과도 같아요.

"이토록 착하고 사랑스러운 아이인데 사춘기가 온다고 해서 제게 정말 거칠게 굴까요?"

여러 변수들에 따라 정도의 차이는 있겠지만 대부분은 사춘기가 오면 정말 거칠게 돌변합니다. 사실 중2병을 비롯하여 아이의 사춘기를 겪고 있는 많은 부모들이 이구동성으로 "어릴 땐 착했어요"라고 말합니다. 제 아이도 마찬가지였습니다. 그래서 사춘기 때 감정을 드러내는 아이를 대하면서 큰 충격을 받았습니다. 이 아이가 어릴 적 아빠의 마음을 조금이라도 불편하게 할까 봐 살피던 천사같은 그 아이가 맞나 싶을 정도로 돌변하더군요.

과거 인성교육 지침 중에 '엄부자모(嚴父慈母, 엄한 아버지와 자애로운 어머니)'라는 사자성어가 있었습니다. 이 사자성어가 적용되는 시기가 혹시 사춘기는 아닐까 하는 생각이 들었습니다. 사춘기 반항이 찾아오기 전에 일찌감치 아버지의 매서움과 근엄함으로 이런 사태가 벌어지지 않도록 공포정치를 하겠다는 빅픽처를 염두에 두고 만든 말이 아닌가 하고 말이지요. 사실 저 역시도 인성교육에 대해 잘 몰랐던 시절에는 막연히 엄한 아버지의 태도를 보인 적이 있습니다. 하지만 이는 적지 않은 부작용을 만들어냈고 곧 수정할 수밖에 없었지요.

엄한 아버지의 모습이 통하는 시대는 지나갔습니다. 오늘날처럼 부모자녀가 매일 한데 뒤섞여 어우러져 살아가는 시대에는 성립되기가 어렵습니다. 유독 엄하거나 예의범절을 중요시하거나 체벌을 행하는 가정에서는 이 방법이 통할 수도 있을 겁니다. 그렇지만 이에 따른 부작용도 생각하셔야 합니다. 실제로 제 친구 중에는 엄한 아버지 밑에서 자라 훌륭한 인성을 갖고 성장한 경우도 있었습니다. 하지만 어중간한 태도로 엄한 아버지의 모습을 따라 했다가는 아이의 반항적 태도 앞에서 체면을 구길 수도 있습니다. 강압적으로 훈육하여 사춘기는 수월하게 넘긴다 하더라도 이 문제는 언젠가 반드시 터지게 되어 있어요.

사춘기 이전에 인성교육을 성공적으로 잘 시킬 수 있다면 부모는 아이에게 상처를 덜 받을 수 있습니다. 그러나 만약 인성교육에 무심했다면 혹독한 시련의 계절을 맞이할 준비를 해야 할 것입니다.

인생을 위협하는 낮은 자존감

높은 자존감이 좋은 인성을 만들고 낮은 자존감이 나쁜 인성을 만듭니다. 자존감과 인성은 완벽한 정비례 관계로 '자존감이 곧 인성이고 인성이 곧 자존감'입니다. 인성교육의 결과는 아이가 지닌 자존감의 수준으로도 판단할 수 있어요. 자존감은 인성의 바로미터이기 때문입니다.

인성교육을 제대로 받지 못했을 경우, 아이는 낮은 자존감을 갖게 됩니다. 이것은 곧 아이 스스로 '나는 별 가치가 없는 사람이야' 하고 생각하게 된다는 말입니다. 이러한 인식은 무의식적으로 자신의 생명과 삶을 소중하게 여기지 않게 만듭니다. 그래서 자기계발에 대한 성취 동기가 생기지 않으며 공부할 마음이 안 날 뿐만 아니라 하고 싶은 것도 없고 미래에 대한 꿈도 꾸지 못하게 됩니다. 따라서 자신을 나쁜 길이나 유혹에 쉽게 내던지게 되지요. 삶을 열심히 살고 싶은 의욕 자체가 없는 애늙은이가 되거나 삶을 포기하는 상태가 되는 경우도 있습니다.

한 인터넷 사이트의 댓글이 기억에서 잊히지 않습니다.

'아빠의 체면 때문에 너무 고통스러워요. 웬만큼 잘해도 1등을 하지 못하면 냉담한 반응을 보이시고 "내 얼굴에 먹칠하지 마라"라고 대못 박는 말을 쏟아내세요. 제 자존감은 죽어버린 것 같아요. 패배감, 자책감이 커서 무슨 일을 해도 자신이 없고 난 못할 것이라는 강한 고정관념이 마음속에 늘 있어요.'

아마도 이 친구의 삶은 '내 인생이 별 볼 일 있겠어?'라고 생각하는 낮은 자존감이 지배할 가능성이 있습니다. 빨리 자존감을 회복해야 합니다.

우리가 주의할 점은 낮은 자존감은 학교 성적이나 집안 환경과는 관계가 적다는 것입니다. '공부를 잘하는 우등생이었거나 부유한 집안에서 자랐더라면 자존감 측면에서 조금이라도 유리하지 않을까?' 하고 짐작할 수는 있겠지만 단연코 '전혀' 그렇지 않습니다. 그렇다고 해서 학교 성적이 안 좋거나 집안 환경이 좋지 못했던 아이들이 유리하다는 말은 아닙니다. 낮은 자존감은 외적인 조건만 봐선 알수 없습니다. 인간의 내면 가장 깊숙한 곳에 자리 잡고 있기 때문입니다.

호수의 표면은 평화로워 보이지만 그 밑바닥엔 무엇이 있는지 알 수 없는 법입니다. 그래서 두렵고 심각한 것입니다. 이 사회에는 멀쩡해 보이는 사람이 갑자기 극단적인 선택을 하거나 마약, 도박, 주식, 부도덕, 범죄 등에 빠져 삶을 망가뜨리는 일이 심심찮게 벌어지고 있는데, 그 근원에는 낮은 자존감이 자리 잡고 있는 경우가 대부분입니다.

　인생은 마라톤과 같습니다. 우여곡절 끝에 좋은 대학에 간다 하더라도 인생이라는 장기 레이스에서 낮은 자존감은 반드시 발목을 잡을 것이라는 사실을 염두에 두시길 바랍니다.

03
인성은 좋을수록
좋은 것

아이가 태어난 전후로는 누구나 우아한 부모가 되기를 꿈꿉니다. 하지만 아이가 크면서 상상하지 못했던 모습의 부모로 돌변합니다. 여기까지는 괜찮습니다. 그럴 수 있어요. 다만 아이 때문에 '으악!' 하는 부모는 되지 말아야 합니다. 아이 덕분에 '우와~' 하고 감탄하는 부모가 되어야 합니다. 나쁜 인성이 어떤 결과를 낳는지에 대해서 이야기했으니 이제 좋은 인성이 어떤 것인지 알아보도록 하겠습니다.

우리는 인성이 나쁘면 나쁠수록 좋지 않다는 사실을 잘 알고 있습니다. 하지만 적지 않은 부모들이 '그렇다고 인성이 너무 좋을 필요는 없어. 적당히 좋으면 되는 거야' 하고 생각합니다. 질병에 걸리지 않기 위해 예방 접종을 하는 것처럼 인성교육을 아이의 일탈을 예방하기 위한 예방 주사 정도로만 생각하는 것이지요. 심지어 인성이 너무 좋으면 바보처럼 이용을 당한다거나 적당히 비겁해야 자신의 이익을 더 잘 챙길 수 있다는 식의 생각이 우리 사회에 팽배해 있는 것 같습니다. 하지만 실상은 그렇지 않아요. 인성은 좋을수록 좋은 겁니다.

인성교육은 예방 주사가 아니라 인성은 잘 살기 위해 하는 훈련과 연습 같은 것입니다. 예방 주사는 질병에 걸리지 않는 상태만 유지할 뿐이지만 연습과 훈련은 그렇지 않아요. 공부를 하면 할수록 일류 두뇌가 되고, 운동을 하면 할수록 일류 선수가 되며, 예술 활동을 하면 할수록 일류 예술가가 되듯이 인성교육도 잘하면 잘할수록 위대한 인간을 만들 수 있습니다.

학교 성적과 인성의 상관관계

인성이 좋을수록 학교 성적이 높게 나온다는 사실이 여러 연구들을 통해 입증되고 있습니다. 공부를 잘하게 만드는 3대 핵심 요소는 집중력, 인내심, 의지력입니다. 그런데 인성이 좋은 학생의 뇌를 살펴보면 집중력, 인내심, 의지력 세 가지 요소가 모두 강합니다. 이들을 합쳐서 '정서조절력'이라고도 부르는데, 인성이 훌륭하다는 것은 이기심이나 감정, 욕망 등을 통제하는 힘이 강하다는 의미이기 때문입니다.

가령 횡단보도가 100미터 떨어진 곳에 있을 경우에 도덕성(인성)이 미숙한 아이는 무단횡단을 하지만 도덕성이 발달한 아이는 우직하게 걸어가 횡단보도로 건넙니다. 힘든 걸 참아내는 '인내심'을 발휘하는 것이지요. 공부도 마찬가지입니다. 풀어야 할 백 개의 문제가 있다면 공부를 못하는 아이들은 몇 문제 풀다가 힘들어서 관두지만 공부를 잘하는 아이들은 요령을 피우지 않고 인내심 있게 앉아서 우직하게 백 개의 문제를 다 풀고야 맙니다.

또한 좋은 인성이 우수한 학교 성적으로 이어질 가능성이 높다는 사실은 이렇게도 설명될 수 있습니다. 인성의 세부 덕목들 중에는 '성실', '책임감' 등이 있습니다. 훌륭한 인성은 자연스럽게 높은 성실성과 책임감으로 이어집니다. '이 아이는 인성은 훌륭한데 불성실하고 책임감이 부족해'라는 말은 애초에 성립될 수 없습니다. 그건 인성이 훌륭한 것이 아니니까요. 바른 인성을 지닌 아이들은 학생의 본분은 공부이고, 나의 발전과 사랑하는 부모님을 위해 내가 현재의 위치에서 할 수 있는 일은 공부를 열심히 하는 일이라는 것을 잘 알기 때문에 성실하고 책임감 있게 행동할 줄 압니다.

좋은 성적을 더 좋게 만드는 법

인성이 좋은 아이들은 충분히 공부를 잘할 수 있지만 공부를 잘하는 아이들의 인성이 반드시 좋다고는 말할 수 없습니다. 학교 성적이 정서조절력이나 성실성, 책임감에서 나오는 결과만은 아니기 때문입니다.

IQ가 높아서 큰 노력 없이 시험을 잘 치르는 아이들도 있고, 남보다 우월해지고 싶어서 또는 남한테 지기 싫은 경쟁심과 이기심 때문에 공부를 열심히 하는 아이들도 있습니다. 또 엄마한테 혼날까 봐, 즉 두려움이라는 감정 때문에 혹은 인정받고 싶은 욕망 때문에 열심히 하는 경우도 있고요. 이들은 정서조절력을 발휘해 게으름, 유혹, 잡념 등의 감정과 욕망을 이겨낸 부분도 있지만 감정과 욕망과 이기심 등이 높은 성적을 이끌어내는데 크게 작용했을 가능성이 높습니다. 이것이 '공부 잘하는 아이들은 자기애가 강하고 욕심이 많은 것 같아요', '명문대 생들은 이기적인 성향이 좀 있는 것 같아요'라는 평가가 나오는 이유이고, 오늘날 사회 엘리트들 중에서 윤리의식이 부족한 사람들이 적지 않은 이유이기도 합니다. 한편 성적 좋은 아이들이 기본 인성은 되어있는 것 같다는 평을 듣는 이유는 이기적인 마음으로 공부를 열심히 하더라도 전체 정서조절력 수준이 어느 정도까진 향상되기 때문입니다.

부모의 강압에 의한 공부는 적정선까진 인정될 수 있지만 지나치게 아이를 압박하는 것은 삼가해야 합니다. 부모 강압을 제외한 나머지 공부 동기들은 어찌 되었든 공부를 잘하는 것 자체는 나쁜 것이 아니므로 괜히 잘하고 있는 애를 앉혀놓고 부모가 "너 그런 마음으로 공부하지 마!"라고 한다면 자칫 아이에게 혼란을 줘 공부 페이스가 흐트러질 위험이 있습니다. 제아무리 성인군자라 하더라도 이기심은 누구에게나 다 있는 법입니다. 그것을 남에게 해를 끼치지 않는 방향으로 분출할 줄 알면 되는 것입니다. 아이의 이기적인 공부 동기에 직접적으로 개입할 필요는 없습니다. 다만 인성교육을 통해 정서조절력을 키워주면 공부 에너지를 키우는 이기심 외에 더 높은 정서조절력까지 공부하는 힘에 더해져 공부를 더 잘할 수 있는 가능성이 높아진다는 것을 명심하시길 바랍니다.

착한데 공부를 안 하는 이유

한편 '우리 아이는 착하긴 한데 공부를 안 해요'라고 말하는 부모님을 종종 볼 수 있습니다. 아이가 착해도, 즉 인성이 '좋아 보이는' 아이들이 공부를 못하는 경우도 많아요. 이것은 앞서 이야기했던 '인성이 훌륭할수록 공부를 잘한다'라는 원리와 모순되는 것처럼 들릴 수 있습니다. 그러나 '착하다'라는 말이 곧 '좋은 인성을 가졌다'라는 것을 의미하지는 않습니다. 착한 '심성'과 좋은 '인성'은 다른 개념입니다. 그렇다고 해서 착한 심성이 나쁜 인성이라는 이야기는 아니니 오해하지 않길 바랍니다.

착한데 공부를 잘 못하는 경우는 '원초적 착함'에 해당되기 때문입니다.

원초적 착함

한 아파트 단지에서 초등학교 1학년 여자아이가 두세 살 위 오빠의 뒤를 졸졸 따라가고 있었습니다. 그런데 오빠가 자동차를 불필요하게 한 바퀴 빙 돌아가는 비효율적인 경로로 걸어가자 그 꼬마가 그 뒤를 그대로 따라가는 장면을 본 적이 있습니다. 이런 게 원초적 착함에 해당합니다. 아이가 자신이 먹던 눈깔 사탕을 아빠 입에 넣어주는 경우도 예가 될 수 있습니다.이와 달리 이 책에서 말하는 좋은 인성은 '고차원적 착함'에 해당됩니다. '원초적 착함'은 감정, 욕망을 담당하는 '야성의 뇌 부위(변연계)'로부터 나오는 것입니다. 반면 '고차원적 착함'은 '지성 뇌 부위(전두엽)'로부터 나옵니다. 더 정확히 말하면 고차원의 뇌 부위가 야성의 뇌 부위의 감정과 욕망 등을 잘 통제(정서조절)한 결과가 좋은 인성 즉 '고차원적 착함'으로 나타나는 것입니다. 따라서 '원초적 착함'은 공감능력은 높지만 정서조절력 즉, 공부를 잘하게 돕는 능력들인 집중력, 인내심, 의지력 등이 부족할 수 있습니다.

분명 '원초적 착함'도 귀하고 아름다운 것임엔 틀림이 없습니다.

다만 인성교육을 통해서 '원초적 착함'을 '고차원적 착함', 그러니까 좋은 인성으로 업그레이드하면 공부를 잘할 가능성이 높아진다는 것을 알려드립니다. 이처럼 인성은 학업 성적과 매우 긴밀한 상관관계가 있습니다.

04
좋은 인성이
'성공'을 이끈다

인성이 좋을수록 학교 성적이 높은 이유는 인성과 공부의 핵심 능력이 같다는 것, 즉 정서조절력(집중력, 인내심, 의지력)을 필요로 하기 때문이라고 했습니다. 돈, 권력, 지위 등에서 높은 성과를 얻어야 성취할 수 있는 사회적 성공의 경우엔 국영수 공부보다 훨씬 더 복잡한 환경과 다양한 변수들이 작용합니다. 특히 인간관계가 중요하며 운도 무시할 수 없습니다.

좋은 인성과 높은 정서조절력은 탁월한 인간관계 능력과도 연결됩니다. 인성의 세부 덕목들인 배려, 친절 등과 같은 따뜻한 인간미는 사람을 모이게 합니다. 그런데 우리나라 사람들은 부자나 높은 자리에 앉아 있는 사람들의 인성에 다소 부정적 이미지를 갖고 있지요. '좋은 인성이 과연 출세에 유리할까?' 하는 의문을 품고 있습니다. 이것은 '사회적 성공의 요인은 바로 이것이다!' 하고 단정적으로 말하기 어려울 만큼 성공의 요인들이 매우 다양하기 때문입니다. 게다가 운이 성공의 결정적 계기가 되는 경우가 많기 때문에 더욱 감을 잡기 어렵게 만듭니다.

사회적 성공 또는 출세는 인성이 좋든 나쁘든 모두 성취할 수는 있습니다. 단, 성공으로 이끄는 좋은 인성만의 장점이 있습니다.

정서조절력

인성이 좋은 사람은 강한 정서조절력을 가지고 있기에 인성이 나쁜 사람보다 집중력과 의지력, 인내심이 강합니다. 노력은 '더' 하고 포기는 '덜' 하기 때문에 성공할 가능성이 높지요.

인복

인성이 좋은 사람은 성품이 온화하고 잘 베풀기 때문에 곁에 훌륭한 능력과 영향력을 지닌 사람들이 모입니다. 그렇기 때문에 성공 가능성 또한 높아집니다.

공감능력

인성이 좋은 사람은 타인의 마음을 잘 헤아릴 줄 알고 욕심은 절제할 줄 압니다. 사업을 하든지 직장을 다니든지 간에 고객과 상사,

동료의 입장에서 생각하고 말하며 일할 줄 알지요. 일이 잘못되는 경우가 적고 협업에도 유리합니다.

창의력과 인성

인성교육을 왕따나 학교폭력 등의 일탈 예방 수단으로만 보는 것은 구시대적 사고입니다. 앞서가는 인성교육 연구자들은 인성교육의 목표를 21세기 글로벌 시대가 요구하는 창의적 인재 양성에 목표를 두고 있습니다. 그 핵심 역량이 바로 '창의력'입니다.

창의력은 대학 입시에 초점을 맞춘 우리나라 초중고 교육에서 요구하는 국영수 학업 능력과는 또 다른 능력입니다. 하지만 정해져 있는 답을 잘 맞힐수록 높은 점수를 받고 다른 답이나 아이디어를 제시하면 불합격하는 현재의 교육제도에선 기르기 힘든 두뇌능력이기도 합니다. 그럼에도 불구하고 창의력을 글로벌 인재가 갖춰야할 핵심 역량으로 꼽는 이유는 남이 생각하지 못한 독창적인 것을 만들어내지 못한다면 노벨상 수상과 같은 세계가 인정하는 업적을 세우기가 어렵기 때문입니다.

그런데 좋은 인성이 이 창의력과 긴밀한 관계가 있다는 사실이 과학적으로 속속 증명되기 시작했습니다. 아르키메데스가 목욕을 하다가 부력의 원리를 발견했듯이 창의적 아이디어는 정신적으로 여유가 있을 때 샘솟습니다. 그 정신적 여유는 정서가 안정되었을 때 얻을 수 있는데, 좋은 인성은 높은 정서조절력을 지녔다는 것을 의미하므로 인성이 좋은 사람들은 마음의 평정을 얻기가 쉽습니다.

또 인성이 좋은 사람은 겸손하고 개방적입니다. 다른 사람들의 말을 경청할 줄 알아요. 그래서 좋은 아이디어를 얻을 가능성이 높습니다. 인성이 좋지 않은 사람, 즉 이기적인 사람은 남을 우습게 아는 경우가 많아서 타인의 의견에 귀를 기울이지 않으며 폐쇄적이고 독불장군인 경우가 많습니다. 창의력이 좋기가 어렵지요. 인성교육은 창의력을 높여줍니다.

감동을 주는 아이들

인성이 좋은 아이들은 부모를 비롯하여 가까운 사람들에게 천국을 선물해 줍니다. 인성 수준을 살펴보면 아무 죄도 없는 사람들을 거칠게 함부로 대하는 '하류 인성'이 있고, 그다음 단계의 인성은 자신에게 잘못하지만 않는다면 적의를 드러내지 않는 '평범한 인성'이 있습니다. 그러나 보다 높은 수준의 인성은 자신에게 잘못한 사람에게도 보복하거나 적의를 드러내지 않는 '위대한 인성'입니다. 이 정도로 높은 인성까지는 아니더라도 잘못한 사람을 용서할 줄 아는, 어느 정도 수준의 인성을 지닌 사람들은 우리 주위에 아직 많습니다.

조금 섭섭하게 했다고 부모고 형제고 상관하지 않고 "흥! 이제 끝이야!" 하고 손절을 남발하는 이 각박한 세상에서 내 아이가 좋은 수준의 인성을 갖추게 된다면 그보다 기분 좋고 행복한 일은 없을 거예요. 인성교육은 내 아이를 많은 이들에게 감동을 줄 수 있는 훌륭한 사람으로 만들어줄 겁니다.

05
인성에 집중할 시기, 초등학교

초등학생 시절은 아이의 인성 형성에 매우 중요한 시기입니다. 이 시기에 부모와 아이 사이에 애착을 형성할 수 있는 시간이 아직도 많이 주어지고, 또한 아이들이 부모의 사랑을 받아들일 마음의 준비가 잘 되어 있는 시기입니다. 아직 사춘기의 반항이 시작되기 전이므로 부모의 가르침을 상대적으로 잘 흡수하는 때이기도 합니다.

물론 공부도 중요하지요. 그러나 공부와 인성교육은 서로 상충되는 것이 아닙니다. 빌 게이츠 회장의 경우 초등학생인 그에게 그의 아버지는 공부든 뭐든 남에게 지지 않는 승부욕을 길러줬고, 그의 어머니는 남을 돕는 자비심을 길러줬다고 합니다. 공부의 이기심과 인성교육을 통한 이타심을 동시에 길러준 것이지요.

빌 게이츠 회장의 부모보다 아이에게 공부를 덜 시키는 대한민국 학부모는 없을 거라 생각합니다. 그런 만큼 우리는 인성교육에도 좀 더 집중해야 합니다. 빌 게이츠가 초등학생이었을 때 부모가 인성교육을 시켰다는 것에 주목해야 한다는 말입니다. 한 아이의 글을 빌려 좀 더 자세히 말해 보겠습니다.

'초등학교 때 동네에 살던 친구 집에 놀러 갔는데 친구 아빠가 제 친구를 너무 예뻐하시는 거예요. 저는 이해할 수 없었어요. 왜냐하면 그 친구는 공부를 정말 못했거든요. 저는 공부를 못하면 혼나고 비난받는 게 당연하다고 생각했는데….'

공부를 중요시하는 것도 좋지만 공부로 인해 인성교육을 망쳐선 안 됩니다. 현재 우리 학부모들은 아이가 공부를 잘하면 인성교육은 신경을 안 써도 된다고 생각하고, 아이가 공부를 못하면 인성교육은 해서 뭐 하나 하고 아예 자포자기해 버리는 경향이 있습니다. 이렇게 인성교육은 등한시하고 공부에만 올인하는 것이 대세가 된 지 이미 몇십 년이 흘렀습니다. 그 결과 우리 가정, 우리 사회가 오늘날 어떻게 되었으며 앞으로 어떻게 될 것으로 예상되는지 더 이상 말할 필요는 없을 것 같습니다.

인성교육의 최적기인 초등학생 때를 놓치는 것은 최상의 기회를 놓치는 일입니다. 혹시 이 시기를 놓쳤다면 중학교, 고등학교, 대학교 그리고 성인이 된 이후로도 인성교육을 반드시 하셨으면 합니다. 교육의 효과는 더디겠지만 그래도 아이가 최소한의 인성을 갖출 수 있도록 도울 수 있습니다. 다음 장에서 설명하겠지만 뇌가소성Neuro-plasticity이라고 해서 성인 이후의 뇌도 얼마든지 변화시키는 일이 가능하기 때문입니다. 인성교육은 아이의 평생을 걸쳐 완성해야 하는 것입니다. 인격의 완성은 없기 때문이지요. 인성교육을 하면 할수록 부모와 아이의 관계는 건강해지고 모두의 인생 또한 풍성해질 것입니다.

"약삭빨라야
이익을 챙길 수 있다던데요?"

좋은 인성이 성공에 걸림돌이 될 수 있다는 주장도 다수 존재합니다. 대표적인 주장이 자기 잇속을 차리는 데 둔감해 손해를 보는 경우가 많다는 것이지요. 또 원리원칙만 고집하다가 현실부적응자가 된다든지 물이 너무 맑으면 고기가 못 산다든지 하는 지적들도 계속해서 있어 왔습니다.

좋은 인성이 단기적으로 손해를 볼 가능성이 높고 성장 속도가 느리다는 점은 어느 정도 사실입니다. 약삭빠르게 자신의 이익을 챙길 줄 아는 사람들이 단기적으로 더 큰 이익을 얻고 성장 속도가 빠르다는 것 또한 맞습니다.

하지만 좋은 인성은 장기 레이스에 강합니다. 노골적

49

으로 이기심을 드러내고 꼼수를 부리는 사람들에게 손해를 본 사람들은 이후 더 이상 그들의 곁에 머물지 않습니다. 반면 좋은 인성을 지닌 사람들은 먼저 베풀려고 하므로 단기적으로는 큰 이익을 얻기가 어렵지만 능력과 좋은 영향력을 가진 사람들이 주변에 모이고, 장기적으로 관계를 맺기 원합니다. 그래서 그 성공이 더 오래 가며 성공의 크기가 더 큽니다.

인성은 안 좋지만 뛰어난 머리로 소탐대실하지 않고 성공을 오랫동안 지속하는 사람들도 있긴 있습니다. 늘 예외는 존재하는 법이니까요. 그러나 인성이 안 좋으면 자신의 이익을 위해 다른 사람들에게 해를 끼치는 경우가 생기므로 결국 나쁜 행동이 만천하에 드러날 위험이 높아 집니다.

부도덕한 일들도 과거엔 쉽게 덮을 수 있었겠지만 이제는 SNS를 포함한 다양한 플랫폼의 발달로 아주 쉽게, 전체에게 공개됩니다. 갑질 행동을 하거나 꼼수를 부리는 것이 통하지 않습니다. 환경문제와 윤리문제 등 사회적 가치SV; Social Value가 필수인 시대로 들어서면서 사회적 감시망은 갈수록 촘촘해지고 강화될 것입니다. 성공해 유명해지면 과거가 다 드러납니다. 나쁜 인성으로는 성공은커녕 생존조차 불투명한 세상으로 변화하고 있습니다. 이런 변화는 좋은 인성을 가진 사람들의 성공 가능성을 더 높여줄 것입니다.

좋은 인성이 성공을 더 크게 오래 지속하게 만드는 핵심 요인임은 분명합니다. 또한 좋은 인성으로 성공한 사람은 자신이 이룬 성과물을 보면서 성취감과 보람으로 뿌듯함을 느낄 수 있습니다. 나쁜 인성으로 성공한 사람은 잠깐의 꼼수로 성공을 할 수는 있으나 진정한 성취감과 보람은 결코 맛볼 수 없습니다. 이건 만고불변의 진리니까요.

"착할수록
손해를 본다면서요?"

인성과 관련해 가장 널리 알려진 잘못된 인식 중의 하나는 '착하면 호구 된다', 즉 '착하면 이용당한다'라는 말일 겁니다. 그러나 이것은 앞서 설명했던 '원초적 착함'과 '고차원적 착함'을 구분하지 못해서 생긴 오해입니다.

'원초적 착함'은 나약할 수 있기 때문에 이것만으로 거친 풍파를 헤치고 나아가려면 다치기 쉽습니다. 하지만 '고차원적 착함'은 착하면서 강해요. '착함'과 '강함'은 같이 갈 수 있습니다. 착하면서 동시에 강할 수 있습니다. 이 강함은 주로 자존감의 형태로 나타납니다. 자존감이 높은 사람은 자신을 귀하게 여기기 때문에 남 또한 자신을 귀하게 여기도록 만듭니다. 만일 남이 자신을 귀하게 여기지 않고 함부로 대할 경우 그냥 넘어가지 않아요. 그렇다고 거칠게 맞선다면 그건 착한 것과도 거리가 멀고 높은 자존감을 지녔다고 보기도 어렵습니다. 물론 어쩔 수 없이 거칠게 맞서야 할 상황이라면 그렇게 해야겠지만 아무 데서나 함부로 그런 카드를 꺼내지 않는다는 말입니다.

어느 방송 프로에서 이런 사연이 소개된 적 있습니다. 한 여성이 저녁을 못 먹어서 떡볶이를 포장해 밤 12시쯤 집에 도착했더니 룸메이트가 그걸 보곤 "나 떡볶이 좋아하는 줄 알고 사 왔구나" 하고 얼른 받아 먹어버렸다는 사연이었죠. 문제는 사연의 주인공이 아무 말도 못한 채 "그래, 너 주려고 사왔어"라고 대답하고는 정작 본인은 쫄쫄 굶으며 몰래 울었다는 것이었습니다. '착하면 손해 본다'라는 주제의 사례로 소개된 내용이었어요.

이 사연 속 주인공은 뭐가 잘못되었을까요? 이분은 '원초적 착함'만 있지 자존감은 낮았던 것 같습니다. 가장 원초적인 생존의 본능인 배고픔을 포기한 것이지요. 자신의 정당한 생존의 가치를 지키는 것보다 만약 저 떡볶이를 빼앗으면 '룸메이트가 나를 어떻게 볼까?', '이기적이라고 생각하지 않을까?', '기분 나빠하면 어떻게 하지?' 하고 남의 눈을 더 중요하게 생각한 것입니다.

인성교육의 목표는 나약한 '원초적 착함'이 아니라 '고차원적 착함', 즉 아이로 하여금 높은 자존감을 성취하도록 만드는 것입니다. 인성이 좋을수록 손해를 본다거나 호구가 되는 건 절대 아니라는 걸 기억하시길 바랍니다.

공부력 · 창의력 · 사회성 높이는 인성교육의 비밀

2장

인성은 '이타적 자존감'으로 완성된다

01
인성의 핵심은 '이타심'이다

인성은 '사람이 지니고 있는 타인에 대한 기본적 태도와 총체적 행동 방식'을 말한다고 했습니다. 여기에서 인성이란 단일 특성이 아닌 여러 특성들이 한데 뭉친 복합 개념이라는 것에 주목하시길 바랍니다.

지난 2015년 인성교육을 의무로 규정한 세계 최초의 법인 인성교육진흥법에서 말하는 인성교육의 목표는 아이들을 8가지 핵심 가치와 덕목을 갖춘 사람으로 성장시키는 것입니다. 8가지 핵심 가치와 덕목은 예(禮), 효(孝), 정직, 책임, 존중, 배려, 소통, 협동입니다. 언급된 것 외에도 정의, 성실, 절제, 공감, 용기, 창의성, 공정성 등 인성을 구성하는 수많은 덕목들이 존재합니다. 너무도 방대한 내용과 또 단순히 글로 설명하기 어려운 덕목에 관한 이야기를 어떻게 풀어야 할지 막막합니다. 수많은 학자들이 인성의 필요성과 중요성에 대해 언급하면서도 논문 혹은 연구 외에 일반 사람들이 쉽게 읽고 적용할 방법을 제시한 책이 많지 않은 이유가 바로 여기 있습니다.

'이타심'이 중요한 이유

그렇다면 아이들에게 인성을 쉽게 이해하게 하고 접근할 수 있는 방법은 없는 걸까요? 저는 머릿속에 '이 수많은 인성의 덕목들을 간소화된 개념으로 어떻게 축약할 수 있을까?' 하는 호기심을 품고 파고들기 시작했습니다. 실마리는 이것입니다. 인성의 평가는 '타인과의 관계에서 비롯된다'라는 겁니다. 생각해 보세요. 우리가 어떤 사람의 인성이 좋고 나쁨을 이야기할 때 무엇을 기준으로 그 사람을 평가했나요? 대부분 타인과의 관계에 있어 내 이익만을 위해 생각하고 행동하는 경우, 즉 이기심을 앞세워 다른 사람의 입장을 전혀 고려하지 않는 경우 "저 사람 인성이 별로야" 하고 이야기합니다. 반대로 나보다 다른 사람의 입장을 배려하고 행동하는, 이타심 높은 사람을 일컬어 "인성이 좋다"라고 말하고 있고요.

인성은 결국 이기심과 이타심, 이 두 가지 본성에 의해 평가되고 결정됩니다. 사람은 본디 이기심과 이타심의 본성을 함께 지니고 있는데, 이 둘을 적절히 배합한 것이 자신의 인성으로 발현되는 것이지요. 각자 처한 상황에 맞게 내면에서 이기심과 이타심, 이 두 본성을 시의적절하게 꺼내 사용하게 됩니다. 이기심이 강하게 발현되는 사람은 이기적인 태도를 보일 가능성이 높고, 이타심이 강하게 발현되는 사람은 남을 배려하는 태도를 기본적으로 갖추고 있을 가능성이 높습니다.

예를 들어 우리가 앞서 이야기했던 인성교육의 8가지 핵심 가치 중 '예(禮)'는 다른 사람과의 관계에서 지켜야 할 도리를 말합니다. 타인을 대할 때는 기본적으로 '존중'이 밑바탕 되어야 합니다. 그래야만 내 말과 태도로 인해 남에게 쉽게 상처 주지 않고 관계를 이롭게 발전시킬 수 있습니다. '배려'도 마찬가지입니다. 배려는 다른 사람의 마음과 사정을 잘 이해하기 위해 내 마음을 쓰는 행위이자 감정이지요. 게다가 자신의 이익만 추구하는 사람은 '정직'하기 어렵습니다. 또 남들에게 피해를 주지 않으려 내가 손해를 보거나 힘이 들더라도 자신이 맡은 바를 끝까지 해내는 것이 '책임'입니다. 여기에서 한 가지 공통점을 찾으셨나요? 이와 같은 인성교육의 덕목들을 관통하는 하나의 개념이 있습니다. 바로 '이타심'이지요. 타인을 위하거나 이롭게 하는 마음. 이타심이야말로 사람의 됨됨이를 판단하는 중요한 요소이며, 인성교육의 핵심 가치들을 아우르는 개념입니다.

그런 의미에서 이타심은 인성의 동의어라고 봐도 과언이 아닙니다. 인성을 좌우하는 '제1의 핵심축'이라고 할 수 있습니다. 그동안 인성은 매우 방대한 복합 개념이었기에 이해하는 것이 쉽지 않았습니다. 그러나 이타심의 개념을 도입하고 난 이후에는 인성교육에 접근하는 길이 좀 더 명확해졌습니다. 마치 밤바다를 항해하던 배(인간)가 저 멀리 해안선을 따라 일직선으로 늘어서 있는 수많은 불빛들 속에서 접근할 곳을 찾지 못한 채 방황하던 차에 '이타심'이라는 등대가 나타나 훨씬 크고 환한 빛을 내뿜어 '인성'이라는 항구 방향을 명확하게 알려주는 것과 같지요.

이타심의 동의어 '자존감'

하지만 커다란 선박이 오로지 등대의 불빛에만 의지해 항구에 접근하기란 어려운 일입니다. 항구 근처에는 예측하기 어려운 조류나 암초 등 각종 위험이 도사리고 있기 때문이지요. 도선사나 예인선과 같은 길잡이가 존재하는 이유입니다. 인성 역시 마찬가지예요. 인성이라는 복합 개념을 '이타심'이라는 하나의 개념만으로 풀어나가는 것은 한계가 있습니다. 인성이라는 항구로 가는 길을 구체적으로 인도해 줄 인성과 이타심 외의 제3의 개념이 필요합니다. 바로 '자존감'입니다.

자존감은 '스스로의 가치를 얼마나 높게 생각하는가?'를 의미합니다. '자기를 사랑할 줄 아는 사람이 다른 사람도 사랑할 줄 안다'는 말이 있지요? 이는 '스스로의 가치를 높게 생각하는 사람이 타인의 가치도 높게 생각한다'로도 이해할 수 있습니다. 여기에서 더 깊게 들어가면 '스스로의 가치를 존중할 줄 아는 사람이 타인의 가치도 존중할 줄 안다'로 발전할 수 있겠지요.

실제로 자존감이 높은 사람은 다른 사람들을 대할 때 함부로 말하거나 행동하지 않습니다. 자신의 가치가 높다고 여기는 인식은 타인의 가치 또한 높게 여기는 의식을 가지게 하기 때문이에요.

한번은 뉴스에서 오토바이 폭주족 인터뷰를 본 적이 있습니다. 기자가 "그렇게 위험한 행동을 하면 본인들도 큰 부상을 입지 않겠습니까?" 하고 묻자 폭주족이 이렇게 대답하더군요. "죽게 되면 죽죠, 뭐." 스스로의 가치를 언제 죽어도 상관없을 만큼 낮은 가치로 평가하고 있었습니다. 이렇게 자존감이 낮은 상태라면 자신의 삶과 생명이 더 이상 소중하게 느껴지지 않아 아무렇게나 살게 되고, 동시에 타인의 삶과 생명에 대한 가치도 깨닫지 못하게 됩니다. 낮은 자존감이 낮은 인성을 만들고 이타심의 깊이에도 큰 영향을 끼칩니다.

전과자들이 범죄를 반복해 저지르는 것의 근본 원인 또한 낮은 자존감에 의한 인성 문제라고 볼 수도 있습니다. 본인은 번듯한 사회인으로 살 만한 가치가 없는 사람이며, 자유를 잃은 상태로 인생을 낭비해도 별로 억울할 것 없는 낮은 가치의 인간이라고 생각하기 때문에 쉽게 범죄를 저지르는 것입니다. 자신의 가치를 존중할 줄 아는 마음, 즉 자존감의 수준을 높이는 것이 필요합니다. 자존감은 인성의 수준을 엿볼 수 있는 바로미터와 같습니다. 높은 자존감을 지닌 아이들이 높은 이타심을 품고 훌륭한 인성을 가집니다.

인류 역사상 최고의 자존감을 가진 사람은 누가 있을까요? 정답은 '4대 성인(예수님, 부처님, 공자, 소크라테스)'입니다. 이분들 중 부처님과 예수님의 경우 자신의 가치를 신으로 여길 만큼 자존감이 높았습니다. 이렇게 인류 역사상 최고로 높은 자존감은 역사상 최고의 인성으로 이어졌고 사랑과 자비의 대명사로 손꼽을 만큼 최고의 이타심으로 나타났습니다.

인성의 수준 = 이타심의 크기 = 자존감의 크기

인성의 수준이 높은 아이들은 이타심과 자존감 역시 높습니다. 이세 가지 요소는 정비례합니다. 인성문제를 이타심과 자존감이라는 두 개념들과 함께 접근할 경우 보다 입체적이고 다차원적으로 풀어낼 수 있습니다. 이제 자존감에 대해 집중적으로 살펴보도록 하겠습니다.

02

아이의 인성은
자존감으로부터 결정된다

앞서 자존감에 대해 짚어보았지만 사실 자존감은 이보다 더 복합적이고 고차원적인 개념입니다. 자존감에 관한 다양한 책과 연구가 있지만 아직까지도 많은 분들이 자존감과 자신감의 개념을 혼동하여 사용하곤 합니다. 자신감이 자존감의 일부분을 차지하는 건 맞지만 자신감 자체가 곧 자존감이 되는 것은 아닙니다.

우리가 기억해야 할 것은 인성교육의 가장 큰 목표는 '높은 자존감을 길러주는 것'이라는 사실입니다. 그동안은 단순히 자존감이라는 개념 하나로 이야기했다면 이제부터는 자존감을 두 갈래로 나눠 인성과의 관계를 파헤쳐보려고 합니다. 이는 아이에게 좋은 인성을 키워주기 위해 부모가 잘 알고있어야 할 문제입니다. 자존감의 실체를 이해해야만 내 아이의 올바른 인성개발을 위해 어떤 면을 더 키워주어야 하는지 깨달을 수 있기 때문입니다.

$$자존감 = 이기적\ 자존감 + 이타적\ 자존감\ (+\ \alpha)$$

자존감은 크게 두 갈래로 나뉩니다(나머지 플러스알파는 '생존적 자존감'인데, 뒤에서 좀 더 자세히 다루겠습니다). 이기적 자존감과 이타적 자존감의 합이 여러분이 지닌 자존감의 대부분이라고 볼 수 있습니다. 이 자존감의 합이 클수록 인성이 좋은 것이지요. 두 개의 자존감이 내면에서 서로 밀고 당기며 각자가 지닌 인성의 수준을 결정하게 됩니다. 그리고 둘 중 이타적 자존감이 승리해야 우리가 원하는 바를 이룰 수 있습니다.

이기적 자존감

'이기적 자존감Selfish self-esteem, SESE'이라 하면 남보다 나를 더 소중하게 생각하는 마음인 '이기심'과 나의 가치를 높이 평가하는 '자존감'의 화학적 결합이라고 할 수 있습니다.

이기적 자존감 = 이기심 × 자존감

즉, '나는 남보다 가치가 높은 사람I am a more valuable person than others.'이라는 뜻입니다. 이기적 자존감은 약육강식의 세상에서 승리했을 때 느끼는 우월감과 비슷하며 돈, 외모, 권력, 지위, 지식 등을 남보다 많이 가졌을 때 더 커집니다. '내 이득을 취하는 일이 설령 다른 사람에게 피해를 주더라도 상관없다'라고 가치판단을 하게 만드는 것입니다.

이기적 자존감은 인류 역사상 인간이 만들어낸 모든 비극의 주요인으로 작동해 왔습니다. 이유는 이기적 자존감의 주요한 특성인 '중독성' 때문입니다. 돈, 외모, 권력, 지식 등을 남보다 많이 갖게 되는 순간 사람은 짜릿한 승리감과 우월감을 포함한 쾌락을 경험하게 되는데 이 쾌락의 순간은 찰나와 같습니다. 순식간에 지나가고 다음 번엔 훨씬 더 큰 자극을 원하게 되지요. 자극의 정도가 기하급수적으로 커져야만 이기적 자존감을 느낄 수 있기 때문에 '남보다 높은 가치의 사람이 되고 싶은 욕망'이 무한정 커지게 됩니다. 이기적 자존감이 주는 즐거움에 중독되면 나는 남보다 가치가 높은 사람이니까 내 가치를 높이기 위해 타인의 희생도 가능하다고 여기기 쉽습니다.

그렇다면 이기적 자존감은 없는 편이 나을까요? 꼭 그렇진 않습니다. 잘 쓰이면 개인의 발전과 성공에 큰 기여를 하거든요. 이기적 자존감은 남보다 높은 가치를 지닌 사람이 되려는 욕망을 통해 경쟁에 뛰어들게 하고, 이 과정을 통해 잠재되어 있던 재능과 노력을 이끌어내는 긍정적인 측면이 있습니다. 이는 결과적으로 사회 발전의 원동력으로 작용합니다. 이렇듯 이기적 자존감을 잘 다스릴 수만 있다면 좋은 결과를 이끌어낼 수 있습니다. 이것이 곧 인성교육이 필요한 이유이기도 하지요.

이타적 자존감

'이타적 자존감Altruistic self-esteem, ALSE'은 이타심과 자존감이 결합된 개념입니다. 이타심과 자존감이 화학적 시너지를 내면 위대한 인식이 탄생합니다.

이타적 자존감 = 이타심 × 자존감

그것은 '나는 세상에 도움을 주는 가치 있는 사람I am a valuable person who helps the world.'이라는 '이타적 자존감'입니다. 이타적 자존감은 타인에게 도움을 주었을 때 느끼는 보람 또는 뿌듯함 같은 고차원적인 감정이에요. 여기에는 목마른 사람에게 물 한 잔을 나눠 주는 작은 친절부터 위험을 무릅쓰고 다른 사람의 생명을 구하는 숭고한 행위까지도 전부 포함됩니다. 남을 도울 때 느끼는 기쁨이나 행복, 심리적 포만감을 정신의학적 용어로 '헬퍼스 하이(Helper's high, 마치 몸이 하늘로 둥실 떠오르는 듯한 황홀한 감정)'라고 부르는데, 이타적 자존감이 높은 사람은 헬퍼스 하이의 경지에 다다를 수 있습니다. 타인에게 친절을 베푸는 기쁨을 경험해 본 사람은 바른 인성에 다가갈 수 있게 되지요. 인류에 공헌한 위인들이 공통적으로 품었던 이 이타적 자존감이야 말로 오늘날까지 역사를 발전시키고 세계를 올바른 방향으로 번영하도록 이끈 인류의 가장 귀한 보물이라 할 수 있습니다.

조금 어려울 수도 있으니 쉽게 설명해 보겠습니다. 어린아이들이 종종 친구가 흘린 물건을 주워주거나 간식을 나눠주는 등의 선의를 베풀 때가 있어요. 이 순간을 놓치지 않고 부모 또는 양육자가 충분히 칭찬해 주면 아이의 이타적 자존감 수준이 높아질 수 있습니다. 내 작은 도움으로 친구를 도울 수 있었다는 사실로 뿌듯함을 느끼고 이것이 부모의 칭찬 피드백으로 이어진다면 아이는 더욱 큰 행복감을 느낄 수 있습니다.

아이는 또 다시 누리고 싶어질 거예요. 처음에는 단순히 행복감과 칭찬을 받고 싶은 마음에 그 행동을 반복한다 하더라도 이것이 쌓이면 아이의 인성 형성에 영향을 미친다는 것을 부모님들께서 아시면 좋습니다.

이기심과 이타심의 균형

인성교육의 목표를 이타심을 지닌 아이로 성장시키는 것이라고 말하면 대부분의 부모님들은 이해하면서도 한편으론 걱정도 하십니다. "그러다 우리 애만 호구 되는 거 아닌가요?"라고 말입니다.

이타심을 지녀야 한다는 말이 무조건 다 베풀고 양보하고 참아야 한다고 가르치라는 뜻은 아닙니다. 내가 할 수 있는 선에서 친구에게 도움을 주었을 때 돌아오는 행복과 만족감, 이것을 경험해 본 아이와 경험해 보지 못한 아이는 분명 차이가 있거든요.

	이기적 자존감	이타적 자존감
뜻	'나는 남보다 가치가 높은 사람이다.'	'나는 세상에 도움을 주는 가치 있는 사람이다.'
생성 요인	돈, 외모, 권력, 지위, 지식 등을 많이 가질수록 커짐	타인에게 도움을 주거나 세상에 공헌할수록 커짐
차이점	겉가치, 외면가치, 물질가치, 임시가치, 포장가치, 상대가치, 불완전가치	속가치, 내면가치, 정신가치, 영원가치, 알맹이 가치, 절대가치, 완전가치

이타적 자존감은 그 자체로 엄청난 쾌락적 보상이며 아이의 인생을 좌우하게 될 자존감의 토대가 됩니다. 자신의 이타적 행동으로 얻게 되는 칭찬 피드백의 경험을 차곡차곡 쌓으면 이것이 모여 아이의 자존감과 인성 등을 형성하는 데 긍정적인 영향을 줍니다.

이기심과 이타심은 태어날 때부터 타고나는 천성입니다. 이 둘은 균형을 이뤄야 합니다.

이기심이란 단어를 들으면 우리는 보통 부정적인 감정을 먼저 느낍니다. 다른 사람을 배려하지 않고 오직 자기 이익만 챙기는 사람이란 의미로 다가오기 때문이에요. 그러나 이기심은 인간이 필수적으로 지닌 본성 중 하나이고, 생존에 꼭 필요할 뿐 아니라 성공의 동력이 되기도 합니다. 이 때문에 이기적 자존감에 대해 말할 때 주의할 점은 '이기심이 높은 것'과 '이기심만 높은 것'을 구분해야 한다는 것입니다. 이는 뒤에서 좀 더 자세히 다루겠습니다.

세상에 도움을 주는 사람

가장 이상적인 것은 이기적 자존감과 이타적 자존감이 동시에 높은 경우입니다. 대표적인 예로 빌 게이츠가 있지요. 세계적인 대부호인 빌 게이츠는 마이크로소프트의 창업자인 동시에 기부왕으로도 잘 알려져 있습니다. 그가 지금까지 기부한 돈을 계산해 보니 지난 20년 동안 하루도 빠짐없이 매일 50억 원씩을 기부한 셈입니다.

그는 '나는 세상에 도움을 주는 가치 있는 사람'이라는 생각, 즉 이타적 자존감이 상당히 높은 사람이기 때문에 자신의 재산을 아낌없이 기부할 수 있었습니다. 또 사업적으로는 '나는 남보다 가치가 높은 사람'이라는 생각, 즉 이기적 자존감 역시 높은 수준에 다다랐기에 성공을 위해 지속적으로 노력할 수 있었고, 결국 마이크로소프트를 세계 최고의 회사로 만들어냈지요. 이렇듯 빌 게이츠의 삶을 통해 이기심과 이타심의 균형이 얼마나 중요한지 느낄 수 있습니다.

원래 자신의 이익 증진만을 위해 노력하는 이기적 자존감은 사회적 이익으로도 연결됩니다. 즉 돈, 권력, 지식에 몰두하는 것은 자신의 행복을 추구하는 이기적인 동기에서 나온 것이지만 그것이 스스로를 성장시키고 결과적으로는 다른 사람과 사회의 발전을 유도합니다. 경제학에서 말하는 '야수적 충동이 기업을 일으키고 경제발전을 가져온다'라는 개념이지요. 그러나 이타적 자존감 없이 이기적 자존감이 단독으로 나서게 되면 문제를 일으킬 수 있다는 것을 기억해야 합니다. '나는 남보다 가치가 높다'라는 생각에만 매몰되면 타인에 대한 배려와 존중을 잃고 각종 도덕적·법적 일탈 행동을 하게 될 수 있습니다.

이기심을 발동시켜 돈, 권력, 지위, 지식 면에서 가치가 높은 사람이 되는 것은 개인의 발전에 좋은 일입니다. 그런데 이런 '이기적 노력'에 '이타심'을 더하면 개인 발전에 더하여 이 세상에 직접적으로 도움을 주는 사람이 될 수 있어요. 내적으로도 충만해집니다. 우리는 자신의 부와 지위를 상승시키기 위해 분투하되 남에게 해를 끼치지 않는 사람이 되어야 합니다. 그렇기 때문에 이기적 자존감은 반드시 이타적 자존감과 지혜롭게 결합되어야 해요. 도덕적으로 올바르고 건전한 경쟁에 나설 수 있게 말이지요.

03

뇌과학을 통해 알아본
인성의 비밀

아이가 평생 지닐 전체 자존감의 크기를 결정하는 가장 큰 요소는 이기적 자존감과 이타적 자존감이라고 했습니다. 이 두 가지 자존감이 서로 밀고 당기며 아이의 인성을 좌우합니다.

자존감이 높은 아이들은 대체로 인성 역시 상당한 수준일 가능성이 높습니다. 그러면 앞으로 우리는 아이들의 자존감을 어떻게 키우고 또 관리하여 자존감의 수준을 높여줄 수 있을지 고민해 봐야 합니다.

착한 아이, 나쁜 아이의 진실

자존감은 뇌에서 완성됩니다. 뇌는 우리의 신체와 정신, 정서 등과 매우 밀접한 관련이 있지요. 이기심과 이타심의 관계에서 누가 승리할 것인지 뇌는 알고 있습니다. 쉽게 말해 이 아이가 착한지 나쁜지, 좋은 선택을 할지 나쁜 선택을 할지를 뇌는 다 알고 있다는 말입니다. 이를 뇌과학적으로 바꿔 말하면 인성도 뇌의 특성에 따라 결정됩니다. 그렇다고 해서 뇌에서 한 번 결정된 인성이 절대로 바뀌지 않는 건 아니에요. 뇌가소성Neuroplasticity이라고 해서 뇌는 자신의 노력에 따라 얼마든지 변화하고 개발할 수 있습니다. 그렇기에 우리가 뇌를 잘 훈련시킬 수만 있다면 아이의 자존감을 높일 수 있으며, 훌륭한 인성이 뒷받침되는 아이로 성장시킬 수 있습니다.

아이의 자존감을 잘 키워주고 관리하는 일은 마치 과수원 농부가 좋은 결실을 맺기 위해 나무를 정성껏 보살피는 것과 유사합니다. 자존감을 열매라고 한다면 뇌는 이 열매가 열리는 나무입니다. 따라서 이기적 자존감과 이타적 자존감을 잘 키우고 건강하게 성장시키려면 뇌에서 이들이 어떻게 만들어지고 변화될 수 있는지를 먼저 알아야 합니다. 그러기 위해서는 우리는 우리의 머릿속을 들여다볼 필요가 있습니다.

자존감과 뇌

자존감에 가장 큰 영향을 주는 우리 뇌를 두 가지 중요한 부위로 나눈 것이 전두엽과 변연계입니다. 뇌의 각 부위들이 담당하는 역할과 기능은 다음과 같습니다.

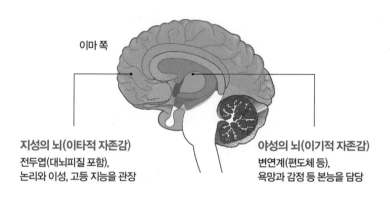

이마 쪽

지성의 뇌(이타적 자존감)
전두엽(대뇌피질 포함),
논리와 이성, 고등 지능을 관장

야성의 뇌(이기적 자존감)
변연계(편도체 등),
욕망과 감정 등 본능을 담당

본 책에서는 이 전두엽과 변연계에 보다 쉬운 이름을 붙여보았습니다. 논리, 이성, 고등지능 등 고차원적 기능을 담당하는 전두엽을 비롯한 뇌 부위들을 하나로 묶어서 '지성의 뇌Wise brain'라고 이름 붙였습니다. 지성의 뇌는 '의식의 뇌'라고 부를 수도 있습니다. 감정, 욕망 등 본능을 담당하는 변연계와 같은 뇌 부위들에는 '야성의 뇌Wild brain'라는 이름을 붙였지요. 야성의 뇌는 '무의식의 뇌'로도 부를 수 있습니다.

기존의 뇌 분류법과 다른 점은 물리적인 영역Area으로 둘을 구분한 것이 아니라 '기능$_{Function}$'에 따라 분류했다는 사실입니다.

	지성의 뇌(Wise brain)	야성의 뇌(Wild brain)
정의	이타심, 이성, 고등지능의 고차원적 뇌 기능의 컨트롤 타워	이기심, 감정, 욕망 등 원초적 본능의 컨트롤 타워
자존감	이타적 자존감의 뿌리	이기적 자존감의 뿌리
의식/무의식	의식 세계	무의식 세계
관련 뇌 부위	전두엽, 대뇌피질 외	편도체, 해마 외

즉 이타심을 비롯하여 이성, 고등지능 등의 고차원적 기능을 담당하는 뇌 부위를 묶어 '지성의 뇌'로, 이기심과 감정, 욕망 등의 본능적 기능을 담당하는 뇌 부위를 묶어 '야성의 뇌'로 규정할 수 있었습니다. 기능 개념으로 접근해 보면 정확한 위치를 가늠하지 않더라도 문제가 되지 않습니다. 적어도 인성교육을 위한 뇌과학의 원리를 이해하는 데는 말이지요.

지성의 뇌와 야성의 뇌

지금까지의 뇌과학 지식들을 종합해 보면 인간의 뇌는 지성의 뇌가 야성의 뇌를 통제하는 구조로 되어있는 걸로 보입니다. '지성의 뇌'가 통제하는 상위기관이고, '야성의 뇌'는 통제를 받는 하위기관입니다. 정상적인 사람의 뇌는 지성의 뇌가 야성의 뇌를 통제하고 조절하는 역할을 잘 수행합니다. 이 상태가 유지될 때 건전한 '이성'을 지닌 사람으로 살아갈 수 있지요. 동시에 건전한 '인성'을 지닌 것으로도 볼 수 있습니다.

무더운 여름, 땀을 흘리면서 몇 시간 째 길을 걷고 있다고 가정해 보세요. 이때 반대쪽에서 누군가가 아이스크림을 먹으면서 걸어옵니다. 누구나 먹고 싶은 마음을 품을 수 있지만, 정상적인 사고를 하는 사람이라면 이때 야성의 뇌에서 분출되는 충동을 지성의 뇌가 통제할 수 있어서 참고 그냥 가거나 가게에 가서 자신의 돈으로 사먹을 겁니다. 인성이 정상적인 상태죠. 만일 비정상적인 상태라면 달려가 아이스크림을 뺏어 먹으려고 할 것입니다. 비정상적인 사고와 인성을 보이는 것입니다. 모르는 사람이 먹고 있는 아이스크림을 빼앗지 않는 것이 당연해 보이지만 짐승들에겐 그렇지 않습니다.

인간이 짐승과 다른 가장 큰 이유는 이처럼 야성의 뇌에서 분출되는 감정과 욕망과 이기심을 지성의 뇌가 통제하는 과정이 있기 때문입니다. 그런데 이렇게 지성의 뇌가 야성의 뇌를 통제하고 있는 상태를 유지하는 것, 즉 정상적인 인성을 유지하는 것이 결코 쉽지 않다는 점에서 모든 인성문제가 출발합니다.

강력한 통제력을 지닌 지성의 뇌

가령 누군가 나를 화나게 했을 때 야성의 뇌에서 격한 분노의 감정이 솟구치기 시작합니다. 야성의 뇌가 이렇듯 강한 감정에 사로잡힐 경우 대부분의 사람들은 지성의 뇌로부터 통제를 받는 경로가 차단되어 이타심과 이성, 고등지능 영역이 일시적으로 기능을 발휘하지 못하게 됩니다. 중앙통제본부의 명령이 하급기관으로 전달되는 통신선이 차단되는 것입니다. 이런 상황이 오면 지능이 낮아지고 야성의 뇌가 오직 감정과 욕망을 해소하는 일에만 몰입하게 됩니다. 함부로 분노를 폭발하거나 욕심 채우기에 몰두하게 된다는 얘깁니다.

버클리대학교 심리학과 대커 켈트너Dacher Keltner 교수는 권력을 잡은 사람의 뇌에선 전두엽 외상환자나 소시오패스, 알코올, 마약 중독자와 같은 '외상성 뇌손상Traumatic brain injury' 증상이 나타나 공감 능력과 이타심이 감소한다는 연구 결과를 발표한 바 있습니다. 거만해지고 남을 무시하는 등 인성이 나빠진다는 얘깁니다.

야성의 뇌 속에서는 감정과 욕망, 기억 재생을 비롯해 온갖 잡생각들이 끊임없이 생성됩니다. 이 수많은 야성의 뇌의 '것들'이 의식의 세계로 넘어오지 못하도록 방파제 역할을 해주는 것이 지성의 뇌(의식의 뇌)입니다.

'인성이 좋다.' = 지성의 뇌의 통제력이 강하다.

'인성이 나쁘다.' = 지성의 뇌의 통제력이 약하다.

어떤 사람의 인성이 훌륭하다는 것은 그 사람의 지성의 뇌의 통제력이 강하다는 것을 의미합니다. 그는 강한 통제력을 가진 지성의 뇌를 가진 덕분에 감정, 욕망, 이기심의 분출을 억누를 수 있습니다. 지성의 뇌가 야성의 뇌를 정상적으로 통제하게 되는 상태가 되는 것입니다. 화를 낼 만한 상황인데도 잘 참고 욕심도 드러내지 않을 수 있습니다. 즉 좋은 인성을 보여주게 되는 것입니다. 이 사람의 머릿속에서 지성의 뇌-야성의 뇌 간의 통제 균형이 유지되는 동안엔 정서가 안정되고 법과 도덕도 잘 지키며 타인에게 친절을 베풀 줄 아는 등 훌륭한 인성을 보여줍니다.

반대로 어떤 사람이 좋지 못한 인성을 가졌다는 것은 지성의 뇌의 통제력이 약하다는 얘깁니다. 이 사람의 머릿속에선 지성의 뇌-야성의 뇌 간의 통제 상태가 깨지는 경우가 많습니다. 지성의 뇌가 통제력을 상실할 경우 그의 야성의 뇌에서 분노나 미움 등의 감정과 물질 욕심 같은 욕망과 이기심이 그대로 분출됩니다. 나아가 법과 도덕의 선을 넘는 언행으로 남에게 해를 끼치고 사회적 물의를 일으키는 일도 비일비재하지요. 지성의 뇌-야성의 뇌 균형이 깨진 비정상적인 상태에 놓인 것입니다. 다른 말로는 평정심을 잃은 상태, 흔히 '이성을 잃었다'라고 표현하기도 합니다. 사이코 패스나 조현병

환자들의 뇌를 찍어보면 전두엽 같은 지성의 뇌 부분이나 지성의 뇌와 야성의 뇌를 연결하는 신경 부분이 까맣게 나오는 경우가 많습니다. 뇌세포가 손상된 것입니다.

짐승은 지성의 뇌가 턱없이 작아 야성의 뇌가 뿜어내는 원초적 본능들을 통제하지 못하고 그대로 드러냅니다. 만약 지성의 뇌의 통제 장벽이 약해져 무너져 버린다면 인간도 짐승과 별반 다를 것 없는 행동을 일삼을 것입니다. 문제는 실제로 다수의 사람들에게서 지성의 뇌가 통제력을 잃은 상태가 발견된다는 데 있습니다.

이타적 자존감 DNA

모든 인체 부위의 최고 의사결정권자인 뇌는 인체의 각 부위에 전기적으로 신호를 보냄으로써 명령과 지시를 내리는 기능을 수행합니다. 냄새를 맡고 말을 하고 걷는 일 등 다양한 말과 행동이 모두 뇌로부터 전달받은 신호를 통해 이루어집니다. 이런 인간의 생존을 유지하기 위한 기능 외에도 뇌는 또 다른 중요한 업무를 맡고 있습니다. 바로 이타심과 이기심을 결정하는 일입니다. 이때 이타심은 지성의 뇌가 이기심은 야성의 뇌가 관장하게 됩니다.

지성의 뇌는 선천적으로 이타적 자존감의 기능을 가지고 태어납니다. 귀가 태어날 때부터 청각 기능을 가지고 있으며 눈이 시각 기능을 가지고 있는 것처럼 말입니다. 마찬가지로 야성의 뇌는 이기적 자존감의 기능을 가지고 있습니다. 지성의 뇌가 야성의 뇌를 통제한다고 했지요? 그 통제 기준이 바로 이타적 자존감입니다. '나는 세상에 도움을 주고 해를 끼치지 않는 가치 있는 사람'이라는 이타적 자존감의 기준에 의해서 야성의 뇌의 감정, 욕망, 이기심을 통제하는 것입니다. 야성의 뇌에서 나오는 감정 등이 이타적 자존감을 해칠 위험이 있으면 억제합니다.

이타적 자존감 = 세상에 도움 주기(해 끼치지 않기)
지성의 뇌 통제 기준: 세상에 해를 끼칠 수 있는 감정과
욕망을 드러내지 않도록 통제한다.

사람의 입이 바깥세상에서 들어오는 먹을 것 중에 몸을 해롭게 하는 것이 있으면 못 들어오도록 입을 닫고 통제하는 것과는 반대 방향으로 지성의 뇌는 야성의 뇌에서 나가는 것 중에 바깥세상을 해롭게 하는 것이 있으면 못 나가게 막습니다. 분노와 욕심, 이기심이 머릿속 야성의 뇌에서 솟아나는 건 어쩔 수 없다고 하더라도 그것들을 말과 행동으로 다른 사람에게 드러내면 '남(세상)에게 해를 끼치게' 됩니다. 나로 인해 다른 사람(세상)이 해를 입는다면 이타적 자존감이 크게 하락할 것입니다. 이렇게 이타적 자존감을 하락시키는 야성의 뇌의 감정 등이 밖으로 분출되지 않고 머릿속에서 머물도록 지

성의 뇌가 억제하고 통제하는 것입니다.

귀가 건강하고 튼튼할수록 청각 기능이 좋고, 코가 건강할수록 후각 기능이 강한 것처럼 지성의 뇌(통제력)가 강할수록 이타적 자존감 기능이 강합니다. 즉 지성의 뇌의 통제력이 강하다는 것과 이타적 자존감이 높다는 것은 같은 말입니다. 강한 지성의 뇌는 곧 높은 이타적 자존감을 가리킵니다. 반면 야성의 뇌는 이기적 자존감 기능을 가지고 있으므로 야성의 뇌가 강하다는 것은 이기적 자존감이 높다는 것과 같습니다. 강한 야성의 뇌는 곧 높은 이기적 자존감을 가리킵니다.

강한 지성의 뇌(통제력) = 이타적 자존감이 높다.

지성의 뇌에 새겨진 이타적 자존감 DNA는 처음엔 씨앗 상태였다가 지성의 뇌가 나무처럼 크게 자라남에 따라 함께 성장해 열매가 됩니다. 야성의 뇌-이기적 자존감 역시 같은 원리로 자랍니다. 그런데 이 둘은 성장패턴이 다릅니다. 야성의 뇌와 이기적 자존감은 가만히 놔둬도 야생의 나무처럼 무성하게 자라나지만 지성의 뇌와 이타적 자존감은 과수원의 유실수처럼 정성을 들여 가꾸지 않으면 제대로 자라나지 못합니다. 야성의 뇌가 관장하는 본능들인 식욕, 수면욕, 성욕 등과 같이 생존과 직접적으로 관련성이 높을수록 야생성이 강해 특별히 신경 쓰지 않아도 제 기능을 잘 발휘합니다. 지성의 뇌로 하여금 이 야성의 뇌가 지나치게 본능을 드러내지 않도록 잘 통제하는 것이 필요합니다. 그것이 바로 인성교육입니다.

이타적 자존감이 고등지능을 이끈다

지성의 뇌가 지닌 주요 기능들, 그러니까 이타적 자존감, 이성, 고등지능 중에 으뜸이요 대장은 '이타적 자존감'입니다. 언뜻 고등지능이 가장 최고인 것처럼 보일 수 있지만 실상은 그렇지 않다는 것이지요. 이타적 자존감 없이 고등지능만 존재했다면 혹은 고등지능이 이기적 자존감과만 결합했다면 세상은 약육강식 짐승의 세계와 다를 바 없이 돌아갔을 겁니다. 반면에 세상이 좀 더 나은 방향으로 나아갈 수 있도록 공헌하는 것에서 가치를 찾는 이타적 자존감은 지능이 아닌 '지혜'에 그 뿌리를 둡니다. 그래서 모두가 평화롭게 공생할 수 있는 세상을 만들도록 이끌지요. 이타적 자존감이 이성, 고등지능 등을 이끄는 지도자 역할을 하는 사례를 하나 들어보겠습니다.

한 초등학생의 어머니가 난치병에 걸렸습니다. 아픈 어머니를 보고 아이는 마음속으로 이렇게 다짐합니다. '내가 아픈 어머니를 꼭 치료해 드릴 거야. 그러려면 열심히 공부해서 의대를 가야지.' 그렇게 해서 아이는 다짐한 날부터 전력을 다해 공부해서 진짜로 의대를 갑니다. 그리고 의대에 진학한 후 진로를 임상의가 아니라 의과학으로 정하고 난치병 치료법을 열심히 연구합니다. 이 사례를 자세히 들여다보세요. 아이로 하여금 자신의 고등지능을 활용하여 열심히 공부하게 만들고 또 열심히 연구하도록 이끈 것이 무엇인가요? 바로 이타적 자존감입니다.

'나는 세상(병든 어머니)에 도움을 주는(치료해 주는) 가치 있는 사람'이 되겠다는 이타적 자존감이 먼저 만들어졌고, 이 이타적 자존감을 실현하기 위해 고등지능이 동원되었다는 사실을 알 수 있습니다. 대장(이타적 자존감)의 명령을 받은 부하(고등지능)가 일을 한 셈이지요.

이타적 자존감은 지성의 뇌의 핵심 기능이며 정수입니다. 이타적 자존감이 높은 아이는 지성의 뇌가 힘을 얻고 강해져 야성의 뇌가 뿜어내는 감정과 욕망을 잘 통제할 수 있습니다. 타인에게 해를 끼치는 행동이 무엇인지 알고 삼가며 정서적으로 안정되고 자기조절능력을 지닙니다. 이는 곧 좋은 인성을 가진 아이로 성장한다는 것을 의미합니다. 지성의 뇌를 강하게 만들어 야성의 뇌를 통제하기 또는 이타적 자존감을 높여서 이기적 자존감을 조절하기 둘 다 같은 의미이며 모두 인성교육의 핵심 과제입니다.

이기적 자존감의 순기능

'나는 남보다 가치가 높은 사람'이라고 믿는 이기적 자존감에는 남다른 장점이 있다고 말한 바 있습니다. 이기적 자존감의 기반인

'이기심'이 남들보다 좋은 성적을 얻고 싶다든지, 대회에서 상을 받고 싶다든지, 비즈니스 경쟁에서 승자가 되고 싶은 마음 등 욕심과 경쟁심을 통해 자신의 재능과 노력을 이끌어내고 사회를 발전시키는 데 큰 역할을 한다는 것이지요. 그러나 이기적 자존감이 단독으로, 그러니까 이타적 자존감의 통제를 받지 못하면 문제를 일으킬 수 있습니다. '나는 남보다 가치가 높다'라는 생각에만 매몰되면 타인의 가치를 낮게 보게 되어 해를 끼쳐도 된다고 생각하게 만듭니다. 말 그대로 인성에 문제가 생기게 되는 것입니다.

이 문제의 해결책은 바로 이타적 자존감의 수준을 끌어올리는 것입니다. 이기적 자존감이 높은 이타적 자존감과 결합한다면 공부와 일을 할 때 이기적 자존감이 높으면 높을수록 긍정적인 효과가 나타납니다. 공부나 비즈니스에서 '나는 남보다 가치 높은 사람'이 되고 싶어 최상의 노력을 이끌어낼 테니까요. 동시에 이타적 자존감도 높기 때문에 경쟁 시 이기적 자존감이 치솟아 남에게 해를 끼치려는 등 선을 넘는 행동을 하려 할 때마다 이타적 자존감이 자동차 브레이크처럼 발동해 이를 제어할 것입니다. 선의의 경쟁을 펼치려고 하지요.

이렇게 이기적 자존감이 높은 사람이 이타적 자존감도 높아지면 어떤 일이 벌어질까요? 세상에 해를 끼치지 않는 것은 물론 더 나아가 세상에 적극적으로 도움을 주게 됩니다. 빌 게이츠 사례를 떠올리시면 됩니다. 높은 이타적 자존감의 통제 아래 놓인 높은 이

기적 자존감은 돈, 권력, 지위, 지식을 얻더라도 정당하게 얻게 합
니다.

04
이타적 자존감을
키워야 하는 이유

지금껏 뇌과학의 이론을 잠시 빌려 이타적 자존감이 어디에서 비롯되는 것인지에 대해 이해해 보는 시간을 가졌습니다. 이타적 자존감의 뿌리는 지성의 뇌이고, 지성의 뇌는 아이의 인성 형성에 핵심적인 역할을 하는 뇌의 한 영역입니다. 그런데 강한 지성의 뇌(높은 이타적 자존감)는 인성뿐만 아니라 학업 및 업무 능력을 비롯해 성공과 행복 등 인간의 삶 전반에 막대한 영향을 끼칩니다.

지성의 뇌는 전두엽을 비롯한 대뇌피질 전체를 아우릅니다. 이 중 인간이 생각하고 말하고 문자를 사용할 수 있도록 만드는 건 대뇌피질의 뛰어난 능력 덕분이지요. 인간이 동물과 다를 수 있었던 가장 결정적인 이유는 대뇌피질 중에서도 전두엽의 역할이 상당 부분을 차지합니다. 우리가 어떤 문제를 풀기 위해 골똘히 생각에 잠기는 순간, 뇌의 앞쪽 전두엽이 활발히 움직이기 시작합니다. 우리가 고민하는 것들에 대한 답을 끄집어내는 일부터 다른 사람들의 의견을 수렴하는 일, 최적의 결과물을 내기 위한 최후의 의사결정까지의 모든 사고가 바로 이 전두엽에서 일어나지요.

특히 전두엽(지성의 뇌)은 유아기부터 초등학교 시기에 잘 개발해줘야 합니다. 이때는 습득 능력도 최고치에 달해 가르쳐주는 대로 쭉쭉 받아들이기 시작합니다. 타인의 감정을 이해하고 공감하며 긍정적으로 해결책이나 생각의 방향을 잡아갈 수 있도록 교육하는 것이 숫자나 한글 공부에 전념하는 것보다 우선되어야 하는 시기이지요. 친구와 놀 때는 상대를 배려해야 한다는 것을 가르치고, 과자를 먹고 난 뒤 생기는 쓰레기는 쓰레기통에 가져다 버려야 한다는 것을 가르치며 교통질서 등 공중도덕을 알려줘야 합니다.

아이가 경험하게 될 모든 순간에 부모 혹은 양육자의 올바른 훈육이 더해지면 가치관과 자존감, 자제력 등을 포괄하는 지성의 뇌가 강해져서 성숙한 어른이 되는 기초를 쌓을 수 있게 됩니다. 그리고 아이는 이때 터득한 진리를 평생 가슴에 담고 살아갈 것입니다.

인성 좋은 아이, 공부 잘하는 아이

공부 잘하는 것이 인성 바른 아이로 자라는 것보다 중요하지 않느냐고 의문을 제기하시는 분들이 계실 것 같습니다. 공부만이 최선이라고 생각하며 주입식 교육을 고집해 온 대한민국 교육 현실에서 가질 수 있는 타당한 의문이라고 생각합니다. 맞습니다. 인성 못지않게 공부를 잘하는 것도 중요하지요. 한 아이의 인생을 좌지우지하는 것이 성적이고, 대학 입시임을 저 또한 잘 알고 있습니다. 하지만 기억하셔야 할 것이 있습니다. 우리가 앞서 계속 이야기했던 것과 일맥상통합니다. 바로 공부를 잘하는 일에 '인성'이 밀접하게 관련되어 있다는 사실입니다.

공부를 잘할 수 있는 3대 두뇌 능력으로는 인내력(자제력), 집중력, 의지력을 들 수 있습니다. 교육학에선 이 세 가지 능력들을 합쳐서 '정서조절력Emotional control ability'이라고 부릅니다. 정서조절력이란 감정을 잘 조절하는 능력을 말하는데, 이게 왜 공부에 중요할까요? 가령 시험을 칠 때 너무 긴장하면 너무나 쉬운 문제도 틀리는 경우가 있습니다. 아이가 답이 뻔한 시험 문제를 틀리면 부모님은 속이 상합니다. 심지어 너무 긴장하고 떨면 머리가 하얘져서 형편없는 점수를 받아오기도 합니다. 그 긴장감이 바로 '감정'이고, 이 감정을 잘 이겨내 편안한 마음으로 시험을 칠 수 있다면 제 실력을 발휘할 수 있을 것입니다.

인터넷에 널리 알려진 사연 중에 수능 시험 날 아침, 미역국을 끓여 준 수험생 어머니의 이야기가 있습니다. 보통 수험생들은 시험 당일 미역국을 피합니다. 미끄러져 떨어진다는 속설 때문이지요. 그 수험생 아들도 중요한 시험을 보러 가는 날에 미역국을 끓인 엄마가 처음엔 이해가 안 되었다고 합니다. 그러나 어머니가 이렇게 말해 주었다고 합니다. "아들아. 혹시 오늘 네가 시험 잘 못 보게 되면 그건 네 잘못이 아니고 오늘 엄마가 미역국을 끓였기 때문이란다." 이제 아들은 시험을 잘 못 보더라도 핑계거리가 생겼습니다. 엄마가 미역국 끓이는 바람에 시험을 못 봤다는 핑계를 댈 수 있게 된 것이지요. 아들은 마음이 편안해졌고 좋은 성적을 받아 원하는 대학에 갈 수 있었다고 합니다.

시험을 볼 때뿐만 아니라 공부할 때도 정서가 불안하면 공부한 내용이 머리에 안 들어옵니다. 무슨 고민거리가 있어서 책상 앞에 앉아 그 고민에 정신을 팔리다 보면 한 시간 내내 첫 페이지만 들여다보기도 합니다. 이처럼 감정(정서)에 끌려 다니지 않으면서 감정을 잘 통제하고 조절해서 공부에 전념할 수 있도록 하는 능력이 바로 '정서조절력'입니다. 긴장되거나 두려운 상황에서도 눈 하나 깜짝하지 않고 담대하게 자신의 할 일을 하는 사람을 보고 '멘탈이 강하다', '정신력이 강하다' 또는 '강심장이다'라고 하지요? 정서조절력을 가리키는 것입니다. 'IQ 보다 EQ'라는 말은 지능지수가 아무리 높아도 EQ(Emotional quotient, 감성지수)가 낮으면 써먹지 못한다는 뜻입니다. 정서조절력이 강할수록 공부를 잘합니다.

공부 능력 (정서조절력) = 지성의 뇌의 통제력

그런데 감정에 매몰되지 않고 잘 조절할 줄 아는 능력인 이 정서
조절력이 어딘지 지성의 뇌의 통제력과 비슷해 보이지 않나요?

그렇습니다. 지성의 뇌의 통제력이 감정, 욕망, 이기심이 분출되
는 야성의 뇌를 통제하는 능력이라고 했지요? 지성의 뇌의 통제력
이 강하다는 것은 야성의 뇌의 분노, 걱정 같은 감정을 잘 조절할 수
있다는 뜻입니다. 정서조절력과 일치하는 것입니다. 다만 지성의 뇌
의 통제력은 정서조절력보다 더 넓은 범위를 가지고 있습니다. 따
라서 정서조절력은 지성의 뇌의 통제력의 일부라고 볼 수 있습니다.
즉 지성의 뇌의 통제력이 강하면 정서조절력이 강하다는 것을 의미
하고 공부도 잘할 수 있게 되는 것입니다.

또 지성의 뇌의 통제력이 강하다는 말은 이타적 자존감이 높다는
말과 같다고 했지요? 이는 곧 인성이 좋다는 것을 의미한다고 했습
니다. 따라서 결국 '인성이 좋으면 공부도 잘한다'라는 결론에 도달
하게 됩니다.

공부 잘하는 3대 두뇌능력(인내력, 집중력, 의지력) = 정서조절력 = 지성의 뇌의 통제력 = 이타적 자존감 = 인성

지금부터는 지성의 뇌의 통제력 즉 이타적 자존감(인성)이 3대 두뇌 능력 향상에 강력한 영향을 준다는 사실을 뒷받침해 주는 과학적 근거들을 살펴보도록 하겠습니다.

인내력

성적이 중간쯤 하는 현선이가 어느 날 느닷없이 나는 서울대 경영대학을 가야한다고 결심하고 오늘부터 열심히 공부하겠다 다짐한다. 그래서 책상 앞에 앉긴 앉았는데 자꾸 게임 생각이 나고 엄마한테 맡겨 놓은 스마트폰이 생각난다. 일어나 냉장고 문을 연다. 별 게 없다. 그렇게 들락날락 하다가 졸려서 잠이 들었다.

지금 현선이에게 부족한 것은 책상 앞에 인내심 있게 오래 앉아 있는 능력입니다. 공부는 머리가 아니라 엉덩이로 한다는 말도 있지요? '인내력'을 가리키는 말입니다. 미래를 위해 현재의 유혹과 욕망을 이겨내는 힘은 '참을성'과 '인내심'에서 나옵니다. 유명한 마시멜로 실험이 비판을 받기도 했지만 실험 결과는 정서조절력, 즉 인성이 학교 성적과 밀접한 관계가 있다는 결론과 일치합니다.

선생님은 아이들 앞에 마시멜로를 놓은 후 지금 먹지 않고 15분 후에 먹으면 마시멜로를 하나 더 준다고 했습니다. 이 실험에서 마시멜로를 먹지 않고 기다린 아이들의 충동억제능력이 마시멜로를 금방 먹어버린 아이들보다 현저히 높았습니다. 그리고 15년 뒤, 연구진은 이 실험에 참가했던 아이들을 다시 만났습니다. 어느덧 고3이 된 아이들의 SAT(미국 대학 입학 자격 시험) 언어와 수학 과목의 점수 합계를 비교해 보았더니 마시멜로를 바로 먹지 않고 참았던 아이들의 평균 점수는 1262점이고, 못 참은 아이들의 평균 점수는 1052점이었습니다.

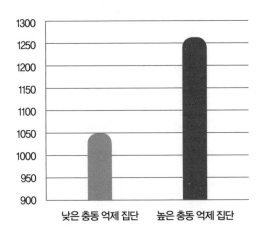

〈충동억제능력이 높은 아이들과 낮은 아이들의 SAT(언어, 수학) 점수 비교〉

그뿐만 아니라 충동억제능력이 낮은 그룹의 아이들 중엔 나중에 커서 일탈 행동을 할 자질이 농후한 아이들이 압도적으로 많았으며,

학업 성적 역시 좋지 않은 것으로 나타났습니다. 이렇듯 약한 인내심은 좋지 않은 인성과도 관련성이 높습니다.

집중력

다음날 아이는 이를 꽉 물고 책상 앞에서 무조건 버티기로 결심한다. '잠을 자도 책상 위에서 자리라' 하고 3시간 동안 꼿꼿이 앉아있는데 성공은 했지만 각종 잡념에 시달려서 공부에 집중할 수 없었다. 그러다 진짜 책상에 엎드려 잠이 들고 말았다.

학습 능력은 인내력만 가지고 완성되는 것은 아닙니다. '집중력'도 있어야 하지요. 30분 동안 집중해서 공부하는 것이 2시간 동안 건성으로 공부하는 것보다 훨씬 효율이 높습니다. 어찌 보면 학습 능력에 영향을 미치는 여러 두뇌 능력들 중에서 집중력이 가장 중요하다고 할 수 있습니다. 부모한테 꾸중을 들었거나 친구와 다툰 직후 책상 앞에 앉으면 공부가 안 되는 것도 집중이 안 되기 때문입니다. 부정적 기분만이 아니고 곧 자신의 생일파티가 벌어지는 것처럼 기분이 들뜬 상태에서도 역시 집중이 잘 안됩니다.

'몰입'이라는 말은 최상의 집중력 상태를 의미 하는데, 몰입을 잘하는 아이들은 옆에 누가 있는지도 모르고 공부에 열중합니다. 미국 조지아공대 블랜차드-필드Fredda Blanchard-Fields 박사 연구팀은 20~30대

청년들과 60~75세 장년들을 대상으로 정서조절력과 집중력 간 관계를 알아보는 실험을 했습니다. 연구진은 청년그룹과 장년그룹에게 TV프로를 보여줬습니다. 여성들이 혐오스런 음식을 먹으며 경쟁하는 장면이 나오기 때문에 시청자들은 혐오스런 감정을 느끼게 됩니다. 시청이 끝나자마자 이들을 대상으로 기억력 테스트를 했는데 청년그룹보다 장년그룹의 기억력 점수가 더 높게 나왔습니다.

장년들은 큰 노력을 들이지 않고도 감정을 빨리 떨쳐버리는데 성공해 기억력 테스트에 빠르게 집중할 수 있었고, 청년들은 혐오감에 사로잡혀 기억력 테스트에 집중하지 못했기 때문입니다.

감정을 통제하는 능력은 이토록 집중력에 큰 영향을 줍니다. 공부 잘하는 아이들은 감정조절력이 뛰어나 자신의 뇌 상태를 몰입이 가능한 상태로 빠르게 전환할 수 있는 능력을 지닙니다. 감정을 억제하고 통제하는 지성의 뇌가 가진 힘이 강할수록 아이의 집중력은 높아집니다. 반대로 지성의 뇌가 가진 힘이 약하면 집중력이 떨어집니다. 공부 잘하는 아이를 만들기 위해서 우리가 아이의 인성을 반드시 돌봐주어야 하는 이유입니다.

의지력

어찌 어찌 인내력과 집중력을 갖추게 되어 열심히 공부하게 된 현선이. 그런데 수학문제에서 자꾸 막힌다. 아무리 집중해서 열

심히 풀어 봐도 이해가 안 되는 문제가 자꾸 나온다. '이렇게 기초
가 부족한 내가 과연 서울대를 갈 수 있을까?' 공부할 기분이 안
나고 회의감과 좌절감만 든다.

인내력과 집중력 다음으로 필수적인 학습 능력은 '의지력'입니
다. 좌절을 딛고 일어서는 능력이지요. 꾸중을 들었거나 친구와 다
퉜을 때 드는 감정이나 그 밖의 잡다한 생각들은 야성의 뇌에서 일
시적으로 솟아났다가 금세 사라지는 것들이지만 좌절감은 다릅니
다. 한번 좌절감을 맞닥뜨리면 이는 삶의 근본을 흔들 정도로 심각
하고, 아이의 마음속에 장기적으로 자리해 여러 부정적인 영향을 끼
칩니다. 이 좌절감을 잘 극복할 줄 아는 것 또한 두뇌 능력의 핵심이
라고 볼 수 있지요. 펜실베이니아대학교 앤절라 더크워스_{Angela Duck-}
_{worth} 교수가 성공한 사람들의 최고 공통점 하나를 찾아 쓴 책『그릿
_{Grit}』을 한국어로 번역한 단어인 '근성'이 바로 좌절 극복 능력을 가
리킵니다.

과거 한 EBS 프로그램에서 이를 입증해 주었던 실험이 있었습니
다. 정서지능이 높은 아이 6명과 정서지능이 낮은 아이 6명을 모아
놓고 2명씩 짝을 지었습니다. 그리고 이들에게 자신의 짝꿍과 각자
의 책상 위에 놓인 블록으로 탑 쌓기 놀이를 시켰습니다. 이후 탑이
무너질 때마다 보이는 아이들의 반응을 살폈지요.

정서지능이 낮은 아이들은 탑이 무너질 때마다 "얘가 그랬어요",

"책상이 이상해요"와 같은 불평을 하기 바빴습니다. 중도 포기하려는 아이들도 있었지요. 이들은 탑이 무너진 것이 자신의 탓이 아니라는 변명을 하는 데 몰두했습니다. 반면 정서지능이 높은 아이들은 "다시 하면 돼요", "내가 더 잘할게요"라고 말하며 문제의 원인을 스스로에게서 찾으려고 했습니다. 잘하기 위해 더 노력했고 결과를 가지고 친구를 비난하는 경우는 없었지요.

정서 지능은 지성의 뇌의 통제력에 그 근간을 두고 있습니다. 정서 지능이 높다는 것은 곧 이타적 자존감이 충만하다는 것을 의미하며, 이타적 자존감이 높을수록 실패와 좌절에 굴하지 않는 도전정신과 의지력이 강하다는 사실을 실험을 통해 생생하게 입증한 것입니다.

인내력, 집중력은 단기적인 학습 능력이지만 의지력은 장기적인 학습 능력입니다. 그리고 이것은 학습 능력뿐만 아니라 비즈니스와 인생의 성공까지도 좌우하는 매우 중요한 능력이지요. 의지력은 야성의 뇌에서 분출되는 좌절감을 억제하는 능력이기 때문에 지성의 뇌가 강할수록 커집니다. 즉 이타적 자존감이 높은 사람일수록 의지력이 강합니다. 좌절을 빠르게 극복하고 다시 시작할 수 있는 원동력을 갖는 힘은 바로 이타적 자존감에서 비롯된다는 사실을 기억하고 이를 길러준다면 여러분의 아이는 장차 공부 잘할 수 있는 에너지를 훨씬 더 많이 축적할 수 있게 될 것입니다.

이타적 자존감(인성)과 학교 성적의 상관관계

이렇게 이타적 자존감(인성)은 학습 능력을 좌우하는 3대 두뇌 능력인 인내력, 집중력 그리고 의지력과 비례한다는 사실이 과학적으로도 입증된 것입니다. 교육부의 '인성지수 개발연구(지은림 외, 2013) 보고서'는 이타적 자존감이 학교 성적과 비례한다는 사실, 즉 좋은 인성이 실제로 학교 성적과 비례한다는 사실을 수치로도 보여주고 있습니다. 이 연구는 중학생들을 대상으로 시행한 것으로 이 아이들의 학교 성적과 인성 수준을 분석해 본 결과, 학교 성적이 높을수록 인성 수준도 높은 것으로 나타났습니다. 반대로 생각해 보면 인성 수준이 높은 아이들의 성적이 그렇지 않은 아이들보다 더 높을 것으로 예상해 볼 수도 있을 겁니다.

성적 수준	명 수	인성 수준
상위권	724	3.11
중위권	704	3.04
하위권	284	2.93

〈학교 성적 수준에 따른 인성 수준의 차이〉

그 밖에 여러 국내 외 여러 연구들이 도덕성과 자존감이 학교 성적과 정비례하는 관계에 있다는 결론을 내놓고 있습니다. 중앙대학교 이성호 교수님의 '미국 학교 인성교육의 동향과 시사점(한국교육, 2014)'에 따르면 미국 교육계에서는 인성교육과 학업 성취를 상반된 것으로 본 것을 오류로 인정하고, 학업 능력의 향상을 인성교육의 중요한 효과로 보고 도덕적 가치와 지적 가치를 동시에 추구하는 방향으로 인성교육이 추진되고 있다고 합니다.

이타심의 꽃, 창의력

역사의 한 획을 그은 천재나 위인들은 기존에 없던 새로운 것을 창조해 낸 경우가 많습니다. 그런데 창의력은 학교 성적과 직결되는 두뇌 능력은 아닙니다. 현재 우리나라 교육에서 영재란 국영수 학습 능력이 뛰어난 학생들을 의미하지, 이 아이들이 반드시 창의력까지 뛰어난 건 또 아니라는 말입니다.

가톨릭대학교병원 소아청소년과 의사이자 뇌 기반 학습법의 권위자 김영훈 박사에 따르면 1920년대 미국에서 높은 IQ의 영재로 판정된 아이들 수백 명을 장기간 추적하여 1970년대에 다시 조사해 봤는데, 그 아이들 중 창의성을 발휘하여 큰 업적을 남긴 아이는 아무도 없었다고 합니다. 다시 말해 IQ가 높은 아이들 중에 뛰어난 창의력까지 가진 아이들이 극히 드물다는 것입니다. 특히 우리나라처럼 정해진 답을 맞히는 능력인 기억력과 논리력이 학교 성적을 좌우하는 주된 두뇌 능력으로 자리 잡고 있는 교육 현실에서는 오히려 창의력이 억제됩니다. 학교 지식과 논리의 울타리를 벗어나야 비로소 새로운 세상이 열릴 수 있습니다. 세상에는 명문대를 나오지 않고도 탁월한 창의력으로 세상을 이롭게 한 사람들이 수두룩합니다.

빌 게이츠, 스티브 잡스, 제프 베조스 이 세 사람과 관련된 책을 모두 번역한 바 있는 번역가 안진환 인트랜스 대표는 "빌 게이츠와 제프 베조스, 스티브 잡스는 모두 천재지만 스티브 잡스는 창의성이 뛰어난 천재, 빌 게이츠는 지능이 뛰어난 천재, 제프 베조스는 판단력이 뛰어난 천재이다"라고 말했습니다. 실제로 스티브 잡스가 나온 대학은 당시 명문대라고 보기 어려운 대학이었습니다. 그럼에도 불구하고 창의력의 대가로 성공했지요. 과학 분야에서 역사상 최고의 창의력 대가로 손꼽히는 아인슈타인은 어릴 때 말이 너무 늦게 터져서 가족들이 그를 지진아로 생각했으며, 학교를 다닐 땐 유독 규율을 싫어했기에 한 교사는 그를 가리켜 '무엇을 해도 성공하지 못할 아이'라고 평가했다고 합니다.

창의력이 이타심과 상관관계가 높은 이유는 이타적 자존감의 핵심 특성인 '세상에 도움 되기'가 창조성의 핵심과 일치하기 때문입니다. 창조성이란 '세상에 도움이 되는 새로운 것을 만들어낼 줄 아는 능력'으로 정의할 수 있습니다. 이전에 없던 새로운 것을 창조했다 하더라도 세상에 도움이 되지 않는다면 큰 의미성을 부여하기가 어렵습니다.

이타적 자존감×창의력

　어느 분의 글에서 본 한 가지 이야기를 더 들려드리겠습니다. 작은 김밥가게에서 있었던 일입니다. 어느 날 김밥가게의 주인이 길을 내다봤는데 어느 아주머니가 자신의 가게 근처 길가에서 김밥을 팔고 있습니다. 당장 자신의 생계를 위협하는 이 아주머니의 행동에 주인은 화가 나 있었습니다. 몇 개월 후 다시 찾아간 그곳에는 노점 아주머니가 사라지고 안 계셨습니다. 저는 '역시 쫓겨났구나' 생각하며 가게에 들어서다가 깜짝 놀라고 말았습니다. 그때 그 아주머니가 가게에 앉아 김밥을 말고 계신 것입니다. 함께 힘을 합쳐 김밥가게를 꾸려가기로 한 것이지요. 가게 주인은 당장은 화가 났지만 마음을 추스르고 노점 아주머니의 상황을 헤아렸던 겁니다.

　분명 이 주인은 이타적 자존감이 높은 사람일 겁니다. 이기적 자존감만 높았다면 아주머니와 싸워 쫓아낼 궁리만 했을 거예요. 이기적 자존감 높은 사람들은 적을 오로지 적으로만 볼 뿐 친구로 바꿀 수 있다는 생각은 하지 못합니다. 하지만 이타적 자존감만 높은, 김밥가게 주인과 같은 사람들은 '내가 어떻게 도움을 줄 수 있을까?' 하는 사고방식이 습관화되어 있고 이 프레임으로 상황을 바라보기 때문에 이 사례에서처럼 보다 융통성 있고 창의적인 대안을 찾을 수 있습니다. 이렇듯 이타적 자존감은 시야와 생각의 차원을 넓히는 데 도움을 주고 이를 통해 창의력 수준을 한 차원 업그레이드시켜 줍니다. 이타적 자존감과 창의력은 지식이나 지능보다 더 높은 '지혜'라는 지적 최고봉의 경지에서 만납니다.

한편 이기심에서 비롯된 개인의 목적도 이타심이 없으면 제대로 성공하기가 어렵습니다. 물론 돈, 권력 등을 획득하려는 이기적인 목적에서도 창의력은 일부 발휘될 수 있을 겁니다. 하지만 창조해낼 제품이나 작품은 세상 사람들에게 도움(효익)을 주는 이타성을 띠지 않으면 시장에서 오래 살아남을 수 없습니다. 또 얼마나 많은 도움을 주는가가 수익의 크기를 결정하기도 하고요. 그간 진심으로 세상(소비자와 직원)을 생각하고 도움을 주는 데 몰입했던 기업은 수백 년 동안 버텨올 수 있었고, 자기 욕심만 앞세운 기업들은 빠르게 사라졌습니다. 게다가 갈수록 심각해지는 윤리문제와 환경문제는 지속 가능 발전에 적합한 사업만이 살아남을 수 있다는 사실을 예고하고 있습니다. 환경문제와 윤리문제 등 사회적 가치SV, Social Value는 이제 경제 분야는 물론 사회 전 분야에 걸쳐 대세가 되었습니다. 무엇을 창조하더라도 세상에 도움을 주고 동시에 세상에 해를 끼치지 않아야 한다는 이타적 자존감과 반드시 결합되어야 올바른 창의력을 발휘할 수 있습니다.

정서조절능력×창의력

예일대학교에서 창의성을 연구하는 조라나_{Zorana Ivcevic Pringle} 박사 연구팀은 정서조절능력과 창의력의 관계를 입증하기 위해 미국의 한 고등학교 학생 223명을 대상으로 연구를 진행했습니다. 그 결과 다음 그래프에서 보이는 것처럼 정서조절능력과 창의력은 비례 관계에 있는 것으로 나타났습니다.

정서조절능력은 곧 이타적 자존감에서 비롯되는 것이므로 이타적 자존감이 높을수록 창의력이 높아진다는 것을 입증하는 연구 결과로 참고할 수 있습니다.

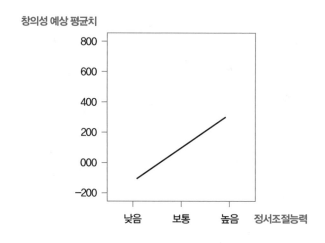

〈정서조절능력과 창의력의 관계〉

창조는 사람들이 가지 않던 길을 새롭게 개척하는 일이므로 수많은 저항과 난관에 부딪히게 되어 있습니다. 개척정신과 도전정신 그리고 끈기와 인내가 없으면 결코 성공할 수 없지요. 공부를 잘하기 위해 필요한 세 가지 학습 능력인 인내력, 집중력, 의지력은 창의력 분야에서도 큰 힘을 발휘합니다. 어린 시절 아이가 이 세 가지 핵심 요소를 잘 길러왔다면 훗날 자신의 분야에서 세상을 이롭게 만들 번뜩이는 창의력을 발휘하는 건 시간문제일 것입니다.

남에게 베풀 '용기'

이타적 자존감이 높은 사람의 또 하나의 특성은 '용기'가 많다는 것입니다. 용기란 두려움을 이겨내는 힘이고, 그 두려움이란 자신의 것을 잃을까 걱정하는 마음이지요. 이타적 자존감이 높은 사람은 '세상에 도움을 주는 가치 있는 사람'이 되고 싶어서 자신의 것을 기꺼이 양보하거나 희생할 마음의 준비가 되어 있습니다. 반면 이타적 자존감이 낮고 이기적 자존감만 높은 사람은 자신의 것을 빼앗길까 봐 항상 전전긍긍합니다. 이런 모습은 숨기려 해도 타인에게 들키기 마련입니다. 이타적 자존감이 높을수록 매사에 의연하고 거침없으며 당당합니다. 강한 지성의 뇌가 야성의 뇌에서 나오는 두려움, 비겁함 등의 감정을 이겨내고 용기를 발휘하기 때문입니다.

이타적 자존감이 낮은 사람 중에도 '용기'가 있는 사람들이 종종 있습니다. 그런데 용기의 종류가 조금 다릅니다. 그들의 '용기'란 세상과 다른 사람에게 해를 끼치는 '용기'입니다. 남을 왕따 시키는데 앞장서고 거침없이 분노를 발하고 '용기'가 심하게 많아지면 부도덕과 불법을 과감하게 저지르고 맙니다. 그러나 과연 이것이 '용기'일까요? 이것은 용기가 아닙니다. 제가 생각하는 진정한 용기는 야성의 뇌에서 솟아나는 이기심과 감정과 욕망을 잘 통제하고 억제함으로써 그것들을 이겨내는 힘입니다. 이 힘은 강한 지성의 뇌와 높은 이타적 자존감에서부터 나오는 것이고요. 반면 부도덕 불법의 일탈 행동은 야성의 뇌의 이기심과 욕망과 본능이 지성의 뇌에 의해 억제되지 못하고 그대로 분출된 것에 불과합니다. 우리는 그것들을 진정한 용기와 구분하여 우발적 충동, 실수, 만용, 중독 등으로 부릅니다.

행복과 쾌락의 차이

제가 생각하는 행복이란 다른 사람과의 관계 안에서 따뜻한 친절을 나누고 그로 인한 정서적 교감을 이루는 이타적 자존감을 발휘할 때 얻어지는 정신적 즐거움입니다. 반면 쾌락은 이기적 자존감이 추구하는 즐거움이자 야성의 뇌가 추구하는 쾌감입니다.

행복과 쾌락은 정확히 어떻게 다를까요? 미국 내분비학자인 로

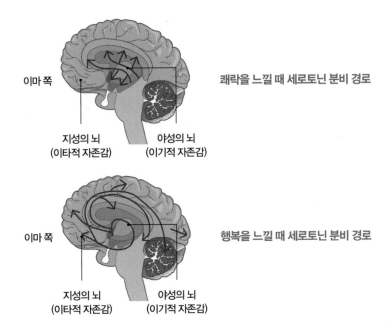

이마 쪽   쾌락을 느낄 때 세로토닌 분비 경로

지성의 뇌   야성의 뇌
(이타적 자존감)   (이기적 자존감)

이마 쪽   행복을 느낄 때 세로토닌 분비 경로

지성의 뇌   야성의 뇌
(이타적 자존감)   (이기적 자존감)

버트 러스틱RobertLustig 박사는 2017년 그의 저서 『The Hacking of the American Mind』에서 이 둘의 차이를 뇌과학적으로 명쾌하게 제시하여 화제가 되었습니다. 먼저 쾌락을 느끼면 쾌락 신경전달물질인 도파민이 야성의 뇌 쪽으로 집중 분비되며, 지성의 뇌로는 거의 흘러가지 않습니다. 그리고 도파민이 분비되는 시간은 매우 짧습니다. 쾌감이 갑자기 뚝 끊기게 되면 절벽에서 떨어지듯이 허무감과 절망이 찾아오고, 이 고통을 벗어나기 위해 더 큰 쾌락을 지속적으로 추구하게 돼 결국 중독에 이르게 됩니다. 반면에 인간이 행복이라는 감정을 느끼게 되면 행복 신경전달물질인 세로토닌이 분비되어 야

성의 뇌뿐만 아니라 지성의 뇌를 비롯한 뇌 전체로 퍼져 나갑니다. 분비되는 시간은 수개월간 장기간 지속되며 한 번에 뚝 끊기는 것이 아니라 서서히 줄어들기 때문에 절망감을 쉽게 느끼지 않게 됩니다. 또한 중독될 위험도 별로 없습니다. 게다가 행복 신경전달물질인 세로토닌이 분비되면 우리를 중독에 빠뜨리는 도파민의 독성이 중화되어 그 힘을 약하게 만들 수 있습니다. 중독을 치유하는 힘이 있는 것이죠. 인간은 이타적 자존감을 통해 진정한 행복의 정서를 느낄 수 있습니다. 행복은 물질이 아니라 자신의 내면의 가치 즉 이타적 자존감을 높일 때 찾아온다는 사실을 우리 아이들이 꼭 깨달을 수 있도록 알려주어야 합니다.

	쾌락(Pleasure)	행복(Happiness)
관여 자존감	• 이기적 자존감(나는 남보다 가치가 높은 사람) • 생존적 자존감(나는 이 세상에 살 만한 가치가 있는 사람)	• 이타적 자존감(나는 이 세상에 도움을 주는 가치 있는 사람)
원천	돈, 외모, 권력, 지위, 지식, 식욕 등의 육체적 물질적 자원	친절, 애정, 공감 등 인간관계를 비롯한 정신적 자원
지속 시간	단기간(몇 분~몇 개월)	장기간(며칠~영원)
완전성	육체적 쾌감을 느끼는 순간과 물질적 자원을 남보다 많이 가지고 있을 때만 경험할 수 있는 불완전한 즐거움	친절과 공감을 나누는 순간뿐만 아니라 그 이후로도 뿌듯함과 자부심을 오랫동안 누릴 수 있는 완전함
삶의 느낌	공허함, 허무감	충분함, 충만함

〈이타적 자존감의 '행복'과 이기적 자존감의 '쾌락' 비교〉

이타적 자존감에 의한 행복

중국 최대 택배업체 순평(順豐, SF익스프레스)의 왕웨이(王衛) 회장은 현재 중국에서 존경받는 최대 갑부입니다. 그가 젊은 시절 벼락부자가 된 직후 쾌락의 기쁨만 좇으며 방탕한 생활을 한 적이 있었다고 합니다. 그는 그때를 회상하며 이런 말을 했었지요. "방탕한 생활 속에서도 마음은 항상 공허했다." 이렇듯 이기적 자존감이 추구하는 쾌락은 공허감과 허무감에서 결코 헤어 나올 수 없습니다. 그래서 그 공허감에서 벗어나기 위해 지속적으로 더 큰 자극을 찾고 중독이 되는 것이지요. 반면 이타적 자존감에서 비롯된 정신적 행복은 '이걸로 충분해!' 하는 만족감으로 마음을 가득 채워줍니다. 이타적 자존감은 진정한 삶의 행복을 얻을 수 있는 유력한 도구인 셈이지요.

행복에 대한 유명한 연구 중에 하버드대학교의 '그랜트 연구Grant Study'가 있습니다. 하버드대학교 2학년 남학생 268명이 연구의 대상이었고, 이들의 어린 시절부터 노년까지 그들의 삶과 건강을 장장 72년간 추적 조사했습니다. 이 연구의 결론은 간단합니다. 가족, 친구, 친지 등 주위의 가까운 사람들과 좋은 관계를 맺을수록 행복해진다는 것입니다. 그런데 저는 이 연구를 보면서 한 가지 의문이 생겼습니다.

'과연 가족들과의 좋은 인간관계가 행복의 충분조건일까? 그렇다면 독재자들은 어떠한가? 그들은 수많은 사람들에게 해를 끼친 사람들이다. 그럼에도 불구하고 자신의 가족, 친구들과 좋은 관계를 맺는 독재자들도 수두룩하다. 이들도 과연 행복하다고 말할 수 있을까? 만일 그렇다면 이건 너무나 억울하고 분한 일이 아닌가?'

독재자와 같은 극단적인 사례가 아니더라도 우리 주위에는 남에게 해를 끼치는 일을 수시로 자행하면서도 자신의 가족만큼은 소중하게 여기는 사람들이 많습니다. 그들에게도 우리는 "당신들은 진정 행복한 삶을 살고 있군요"라고 말해줄 수 있을까요?

하버드대학교의 연구에서 놓친 것이 하나 있는데, 그것은 사람들의 외관과 표면 심리만을 들여다봤다는 것입니다. 좋은 인간관계 자체가 분명 행복에 지대한 영향을 미치는 것은 사실이지만 그건 표면적인 결과일 뿐, 그 좋은 인간관계를 이끌어내는데 더욱 심층적인 동인이 있습니다. 그것이 바로 '이타적 자존감'입니다. '나는 세상에 도움을 주는 가치 있는 사람'이라는 이타적 자존감이 높은 사람은 세상의 모든 죄 없는 사람들에게 도움을 주고 해를 끼치지 않습니다. 그래야 비로소 진정한 행복에 다가설 자격이 생기는 것이기도 하고요.

인성교육의 방향타 '이타적 자존감'

지금까지 우리는 이타적 자존감이 인생과 인성과 인성교육에 있어서 얼마나 중요한 역할을 하는지 살펴보았습니다. 인성은 수많은 하위 덕목들(예의, 정직 등)을 포함하는 방대한 복합 개념입니다.

밤바다를 항해하던 배가 캄캄한 바다 저편으로 수 십 개의 미세한 불빛들(인성의 수많은 덕목들)이 해안선을 따라 일직선으로 길게 늘어져 있어서 정확한 항구 방향을 정하지 못할 때, '이타심'이라는 등대 불빛이 다른 불빛보다 몇 배 크고 환하게 켜져 있어서 '인성'이라는 항구로 가는 길을 명확하게 알려줍니다. 하지만 방향을 알았다 하더라도 커다란 선박이 등대의 불빛만으로 도사리고 있는 항구에 접근하는 건 어렵습니다. 항구와 가까운 바다 속에 있는 암초 등의 위험한 장애물들을 피해서 항구에 무사히 접안할 수 있는 도선사나 예인선과 같은 길잡이가 반드시 필요합니다. 이타적 자존감이 바로 그 길잡이 역할을 할 것입니다.

생존적 자존감
"나는 살 만한 가치가 있는 사람이야."

앞서 자존감의 총합에 대해 이야기하면서 전체 자존감은 이기적 자존감과 이타적 자존감에 'α'를 더한 값이고, 그 'α'는 '생존적 자존감Survivant self-esteem, SUSE'을 가리킨다고 언급한 바 있습니다. 즉 총자존감의 크기는 이기적 자존감과 이타적 자존감 그리고 생존적 자존감의 합이 됩니다.

전체 자존감 =
이기적 자존감 + 이타적 자존감 + 생존적 자존감

앞에서 생존적 자존감을 빼고 이타적 자존감과 이기적 자존감만 가지고 이야기를 한 이유는 생존적 자존감은 이 둘의 모태, 그러니까 어버이 같은 존재이기 때문입니다. 생존적 자존감은 반드시 갖춰져야 할 필수적인 요소이지만 이기심도 이타심도 아닌 '제3의 본성'입니다. 곧 '나는 이 세상을 살아 갈만한 가치가 있는 사람'이라고 느끼는 인식을 말합니다.

참고로 이기적 자존감과 이타적 자존감은 기존에도 있던 자존감 용어들이지만 이 '생존적 자존감'은 제가 처음 제시하는 자존감 개념입니다.

태아부터 2~3살까지의 아이는 먹고 울고 웃는 것 외에 할 수 있는 일이 거의 없습니다. 그저 부모를 비롯한 세상에 생명과 삶을 오롯이 의탁하는 셈이지요. 이 시기의 아기들은 내색을 하진 않지만 야성의 뇌를 통해 세상이 자신을 어떻게 대하는지 무의식적으로 느끼고 있습니다. '당신들이 나를 이 세상에 태어나게 했지? 그럼 나를 제대로 대접하는 지 한 번 지켜보겠어'와 같이 말입니다.

짐승의 경우를 보면 이에 대해 굉장히 예민하다는 사실을 알 수 있습니다. 오래 전 반려동물에 대한 의식이 지금처럼 높지 않았던 시절에 한 사람이 자신의 집에 새끼 고양이를 데리고 왔습니다. 문제는 이 고양이가 성격이 제멋대로라는 것이었습니다. 식사시간이면 밥상에 올라가 반찬들을 휘젓고 다니는가 하면 소파를 물어 뜯고 커튼을 망가뜨려 놓았지요. 주인은 화가 났습니다. 고양이에게 소리를 지르거나 손으로 툭 밀치는 등 미워하는 티를 팍팍 냈어요. 결국 몇 달 만에 고양이는 열린 창문 틈으로 도망가 버렸습니다. 이렇게 동물들도 새로운 집에서 살게 되면 그 집에서 자신이 어떻게 대우받는지 지켜보다가 스스로 환영을 받지 못한다고 판단될 경우 떠나버립니다. 사람도 마찬가집니다. 아무리 갓난아기라 하더라도 만물의 영장인 사람은 이보다 더 예민하게 주변을 받아들일 것입니다. 아이들은 세상에 태어나 한동안은 자신을 감싸고 있는 주변을 관찰합니다. 이 세상이 나를 어떻게 대하고 있는지, 나를 환영하는지 미워하는지, 내가 이 세상에 소중한 존재인지 아닌지 등을 판단합니다. 동물들은 마음에 안 들면 제 발로 집을 나갈 수 있지만 아기는 그렇게 하지 못합니다. 자신에게 주어진 환경을 그저 묵묵히 감내할 뿐입니다.

생존적 자존감은 호수에 비유할 수 있습니다. 아이들은 자라면서 자신이 받은 감정, 말 등을 나만의 호수에 차곡차곡 축적해 갑니다. 물질적 성장환경이나 선천적 재능 그리고 부모로부터 존중 등을 풍족하게 받게 되면 아이는 세상이 자신을 환영한다고 느끼고 '나는 이 세상

113

에 살 만한 가치가 높은 사람이구나'하고 생존적 자존감이 높아집니다. 반면 물질적 성장환경, 재능, 존중 등이 열악하면 아이는 세상이 자신을 푸대접한다고 생각하고 '나는 이 세상에 살 만한 가치가 별로 없는 사람이구나'하고 생존적 자존감이 낮아집니다. 이렇게 성장하면서 아이들은 자신이 받은 감정, 말 등을 나만의 호수에 차곡차곡 축적해 갑니다. 이렇게 축적된 것들이 아이가 지닌 호수의 깊이 곧 생존적 자존감의 크기를 결정하게 되거든요. 이 호수의 깊이를 깊고 또 풍성하게 채워줘야 합니다. 그래야 아이가 필요할 때마다 이 호수에서 자존감의 에너지를 꺼내 사용할 수 있게 되고 또한 이타적 자존감 성장의 뿌리 역할을 하게 될 테니까요.

생존적 자존감-이기적 자존감-이타적 자존감

가령 내 이익을 중요시할지, 타인의 이익을 존중해 주어야 할지 결정하는 것은 안정적인 생존 기반이 마련된 이후에나 고민할 수 있는 문제입니다. 당장 배고픈 아이에게 빵 하나를 쥐어 주었을 때 그 빵을 자신이 먹을지, 친구에게 나눠줄지 고민하는 것은 의미가 없습니다. 생존의 문제와 직결되어 있기 때문이지요. 생존의 기로에 놓인 아이에게 "네 배고픔만 생각해선 안 돼. 다른 친구와 나눌 줄도 알아야지"라고 다그치는 건 어불성설입니다. 우선 생존 가능한 최소한의 빵을 자신이 먹은 뒤에 남은 빵을 가지고 내가 더 먹을지, 친구와 나눌지 고민을 시작하는 것이 합리적입니다.

	생존적 자존감	이기적 자존감	이타적 자존감
생성 시기	① 초기: 태아 ② 본격: 20세 이전에 완성된다.	① 초기: 3~4세 ② 본격: 13~14세, 2차 성징이 나타나기 시작하는 때부터 사춘기 전반에 걸쳐 활발히 생성되기 시작한다.	① 초기: 6~7세 ② 본격: 어른이 되는 시기 전후에 걸쳐 활발히 생성되기 시작한다.
생성 요인	성장 환경과 선천 재능	생존적 자존감 크기 + 성장 환경과 선천 재능	생존적 자존감 크기 + 성장 환경과 선천 재능
뇌 부위	야성의 뇌	야성의 뇌	지성의 뇌

생존적 자존감이 충족된 후에 이기적 자존감과 이타적 자존감이 차례로 발동합니다. 자존감 형성의 시기를 생애 주기별로 살펴보면 역시 생존적 자존감이 가장 먼저 결정되고, 그 다음 이기적 자존감, 이타적 자존감의 순서로 이루어지는 것을 볼 수 있습니다.

생존적 자존감은 아이가 태어나면서부터 성인이 될

때까지의 기간 동안 어느 정도 깊이가 완성됩니다. 이기적 자존감과 이타적 자존감이 살면서 여러 요인들에 인해 계속 변화하는 것과 달리 어릴 적 형성된 생존적 자존감은 아이의 뇌리에 깊게 박혀 쉽게 변하지 않습니다.

생존적 자존감을 호수에 비유했는데 생존적 자존감이 강한 아이들, 즉 호수가 깊은 아이들은 살면서 실패와 좌절이 닥치는 순간이면 호수의 수면만 요동칩니다. 감정의 파도가 세차게 흔들어도 호수의 깊이가 깊으면 바닥까지 흔들릴 일이 거의 없지요. 워낙 깊어 물이 바닥날 일도 거의 없어요. 하지만 생존적 자존감의 수준이 낮은 아이들, 즉 호수의 깊이가 얕은 아이들은 실패나 좌절을 딛고 일어설 힘이 부족합니다. 작은 시련을 만나도 호수 전체가 바닥까지 요동을 칩니다. 가뭄과 같은 실패를 만나 물이 줄어들면 금방 호수의 바닥이 드러나 버리기도 해요. 게다가 자신의 부족한 물을 채우기 위해 다른 사람들의 호수의 물을 빼앗아 끌어 오거나 호수로 유입되는 물줄기를 내 쪽으로 바꾸려는 시도를 하기도 합니다. 이기심이 발동하는 거예요.

그렇기에 어릴 적 생존적 자존감이 아이에게 안정적으로 안착할 수 있도록 주의 깊게 보살펴야 합니다. '나는 세상에 살 만한 가치가 있는 사람'이라는 생존적 자존감이 안정적으로 자리잡은 아이들은 긍정성과 회복 탄력성이 높습니다. 어려운 상황이 닥치더라도 세상에 대한 신뢰가 있기 때문에 '어? 이상하다. 이럴 리가 없어. 내가 아는 세상은 내게 호의적이야'라고 생각한 뒤 자신감 있게 상황을 헤쳐 나가려고 노력합니다. 호수가 깊기 때문에 조금 넘치거나 흔들려도 금세 원상복귀 됩니다.

하지만 생존적 자존감이 낮은 아이들의 의식에는 '나는 살 만한 가치가 없는 사람'이라는 인식이 강하게 박혀 일이 뜻대로 되지 않을 때 '거 봐. 세상은 역시 내 편이 아니야'라고 속단하고 쉽게 포기합니다. 호수가 얕아 누가 돌을 던져 물이 튀기면 금세 바닥이 보이고, 쉽게 회복되지 않습니다.

생존적 자존감 ⇧ ⟶ 이타적 자존감 ⇧
생존적 자존감 ⇩ ⟶ 이기적 자존감 ⇧

이기적 자존감과 이타적 자존감이 전체 자존감의 양대 산맥이라고 했지만 생존적 자존감도 그에 못지않게 중요합니다. 생존적 자존감은 이후 형성되는 이기적 자존감과 이타적 자존감에 상당 부분 영향을 미치기 때문이에요. 이것이 생존적 자존감을 '어버이 자존감'이라고 부르는 이유입니다.

특히 생존적 자존감은 이타적 자존감에 직접적인 영향을 줍니다. 높은 생존적 자존감은 '나는 이 세상에 살 만한 가치가 높은 사람'이라고 생각하게 되어 자신을 잘 대해 준 부모는 물론 세상과 타인에게 호의를 가지게 합니다. 그래서 세상에 보답하고 싶은 마음을 가지게 되어 '세상에 도움을 주는 가치 있는 사람'이 되려는 이타적 자존감을 높여줍니다. 높은 생존적 자존감이 높은 이타적 자존감을 만드는 것이지요. 초고층 빌딩을 짓기 위해선 기초 공사를 튼튼히 해야 하듯 아이에게 높은 이타적 자존감을 심어주기 위해선 먼저 생존적 자존감 공사를 잘 해야 합니다.

반면에 낮은 생존적 자존감은 이기적 자존감을 높이는 경향이 있습니다. 자신이 세상을 살 만한 가치가 없다고 여기게 되면 세상에 대해 안 좋은 감정을 가지게 되고, 보복하고 싶은 마음을 가지게 됩니다. 세상에 도움을 주고 싶은 이타적 자존감이 생길 가능성이 줄어듭니다. 게다가 낮은 생존적 자존감 자체가 생존에 대한 위험과 두려움의 정도를 높이고, 이는 살아남기 위해 자신의 몫을 더 챙겨야한다는 절박함을 만들어 이기심을 부추기기 때문입니다.

생존적 자존감이 너무 높아도 이기적 자존감 높아져

또 생존적 자존감이 지나치게 높아져도 이기적 자존감을 높일 수 있다는 사실을 기억해야 합니다. '기가 살았다'는 말은 생존적 자존감이 높아졌다는 의미로도 볼 수 있는데, 기가 너무 세지면 아이가 기고만장해질 수 있습니다. 아이는 자라면서 자신감을 갖기 위해 여러 방면으로 애씁니다. 스스로 옷을 입는 것부터 시작해 수학 문제를 푸는 것까지 차근차근 해내며 자신감을 점점 키워나가지요. 자신감을 키우는 일은 '나는 이 세상에서 살아갈 만한 능력과 가치가 있는 사람'이라는 인식(생존적 자존감)을 높이는 일의 시작입니다. 하지만 자신감이 과하면 생존적 자존감의 인식이 변질될 수 있습니다. '내가 이 세상에서 살 만한 가치가 가장 높은 사람'이라고 말이지요. 그렇게 되면 '나는 남보다 가치가 높은 사람'이라는 이기적 자존감의 영역으로 들어서게 됩니다.

1980년대 미국 청소년들이 마약 등 인성 황폐화 문제가 크게 미국 사회의 문제로 부각되자 미국 교육계는 그 정책 대안으로 자존감 향상 교육을 도입했습니다. 1990년 초부터 '나는 당신이 훌륭하고 특별한 사람이라는 사실을 깨닫기 원합니다(I want you to realize you are a wonderful special person.)'라는 이름의 자존감 향상 캠페인을 미국 전역의 모든 초중고교들에서 10년 동안 대대적으로 전개했습니다. 하지만 결과는 실패로 끝났습니다. 그 이유는 첫째, 생존적 자존감과 이기적 자존감 및 이타적 자존감, 이 세 자존감의 존재를 몰랐고 둘째, 생존적 자존감을 키운 다음 이타적 자존감으로 건전하게 연결시켜야 하는데 너무 높아진 생존적 자존감이 이기적 자존감으로 왜곡됨으로써 벌어진 일이었습니다. 생존적 자존감이 결론적으로 너무 높아지면 이기적 자존감이 될 수 있다는 사실을 당시엔 미처 알지 못했기 때문이라고 생각합니다.

생존적 자존감을 등에 업은 이기적 자존감의 영향력은 걷잡을 수 없이 드세질 겁니다. 높은 생존적 자존감이 높은 이기적 자존감으로만 이어지지 않고 이타적 자존감으로 승화될 수 있도록 관리해 주어야 합니다. 여기에 인성교육의 역할이 또 있는 것이겠지요.

그런데 태어나면서 집안 환경이 어렵다거나 타고난 재능이 적은 탓에 자신감이 쉽게 생기지 않는 아이들도 많습니다. 그럴 경우 아이의 생존적 자존감은 낮을 가능성이 높지요. 나아질 방법이 없다고 생각하고 인생을 쉽게 포기해 버리거나 무기력해지는 등 발전의 기미가 보이지 않는다고 생각할 수도 있어요. 하지만 부모가 아이를 인격적으로 존중해 주고 재능과 노력을 이끌어내는 등의 인성교육을 통해 생존적 자존감을 높여주고, 이타적 자존감을 향상시켜 주는 훈육을 해주거나 스스로 이타적 자존감을 높이는 연습을 한다면 이 문제를 충분히 극복할 수 있습니다.

공부력 · 창의력 · 사회성 높이는 인성교육의 비밀

3장

아이의 자존감을 키우는 8가지 부모 역할

이타적인 아이로 키우는 부모의 양육 원칙

1장에서 우리는 인성의 중요성에 대해 짚어보았고, 2장에서는 인성에서 가장 필요한 덕목인 이타심과 이를 기반으로 한 이타적 자존감에 관해 자세히 살펴보았습니다. 결국 우리 아이들을 위한 인성교육의 핵심 목표는 '이타적 자존감을 높이는 것'이 되어야 한다는 것도 이해하셨으리라 생각됩니다. 이타적 자존감을 높인다는 것은 곧 '지성의 뇌를 강화시키는 일'입니다. 지성의 뇌가 강해지면 이타적 자존감이 높아지는 것은 물론이고 삶의 가장 기본적인 가치인 생존의지, 즉 생존적 자존감 또한 충분해집니다.

'생존적 자존감'은 태아 시절부터 형성되는 인간의 가장 근원적인 자존감을 말합니다. 전체 자존감(나는 가치 있는 사람)을 구성하는 세 가지 자존감인 '이기적 자존감(나는 남보다 가치가 높은 사람)'과 '이타적 자존감(나는 이 세상에 도움을 주는 가치 있는 사람)', 그리고 '생존적 자존감(나는 이 세상에 살 만한 가치가 있는 사람)' 중에서 아이 자존감 형성의 시작은 단연 '생존적 자존감'이라고 할 수 있습니다. 생존적 자존감이 0~20세까지 잘 성장한다면, 6~7세부터 자라기 시작해 20세 이후 본격적으로 성장하게 될 이타적 자존감으로 매끄럽게 연결될 수 있습니다.

여기까지의 과정이 순조로웠다면 3~4세부터 자라기 시작해 13~14세 이후 2차 성징과 함께 급격하게 성장하게 될 이기적 자존감을 건전하게 통제할 수 있게 됩니다. 이렇게만 된다면 평생 특별한 문제 없이 훌륭한 인성과 높은 자존감을 지니고 성공과 행복으로 가득한 멋진 삶을 누릴 가능성이 높아질 겁니다.

그러나 '생존적 자존감-이기적 자존감-이타적 자존감'으로 이어지는 '생애 자존감 성장 과정' 중간에 문제가 발생할 경우, 이는 과정 전체에 영향을 줄 수 있습니다. 이것은 한 사람의 인생 전체가 흔들릴 수 있음을 의미합니다. 여러 차량들이 한 줄로 이어져 운행되는 열차에서 한 량이 끊어지거나 탈선하게 되면 열차 전체가 꼬이게 되는 상황과도 비슷하지요. 이를 방지하기 위해 열차 기관사가 할 일은 크게 두 가지입니다. '평상시 안전하게 운전하는 일'과 '비상시 점검 조치를 하는 일'이지요. 마찬가지로 가정과 학교 및 사회에서의 인성교육도 '평상시의 양육'과 '아이에게 문제가 생겼을 때의 훈육'으로 나누어 세심하게 돌봐줘야 합니다.

이번 장에서는 평상시의 양육, 즉 인성교육을 위해 평소 부모가 지켜야 할 양육 원칙들에 대해 다룰 예정입니다. 여러분의 가정에서 이 기본 원칙만 잘 실천해 주신다면 자라나는 아이들의 마음에 이타적 자존감의 뿌리가 튼튼하게 자리 잡을 수 있게 될 겁니다. 그리고 이제부터 설명될 아이 자존감을 높이는 8가지 부모 양육 원칙들에서 말하는 '자존감'은 생존적 자존감과 이타적 자존감 모두를 아우릅니다.

애착 형성

교육학자들의 연구에 의하면 생후 36개월까지의 시기에 부모와 아이 간에 형성된 애착이 아이의 평생을 좌우한다고 합니다. 특히 생후 1년이 가장 중요하지요. 애착을 안정적으로 형성한 아이들은 관계를 맺는 일에도 매우 긍정적입니다. 아이들은 어릴 적 부모 또는 양육자와 맺은 관계 형성에 대한 긍정적인 경험을 토대로 친구, 선생님 등 타인에게도 관심을 갖고 관계를 적극적으로 확장해 나가려고 합니다.

또 애착 관계에서 오는 안정감은 아이의 정신을 지배하며 뇌 발달에도 영향을 줍니다. 안정된 애착은 전전두엽, 그러니까 지성의 뇌가 포함하고 있는 뇌 부위의 성장을 촉진시킵니다. 그 영향으로 자신의 몸과 감정을 잘 통제할 수 있고, 타인의 감정에도 공감할 줄 알게 됩니다.

스킨십 긍정 효과

아성의 뇌에서는 '이 세상에서 내가 잘 살아갈 수 있을까?' 하는 매우 원초적이고 생존적인 두려움이 하루에도 몇 번씩 파도처럼 밀려옵니다. 특히 태어난 지 얼마 안 된 아기들은 세상이 매우 낯설기 때문에 이 두려움을 어른보다 더 강하게 자주 느낍니다. 그래서 부모에게 크게 의존하게 되는 것이고요. 아이가 믿고 의지할 수 있도록 부모들은 아이들이 필요로 할 때 늘 곁에서 지켜주고 따뜻한 온기로 감싸주며 심리적인 안정을 수시로 느낄 수 있게 도와줘야 합니다. 여건이 된다면 올바른 애착관계를 형성하기 위해 생후 약 1년간은 24시간 내내 아기 곁에 붙어 있는 것이 가장 좋겠지요.

생후 36개월 미만의 아기는 비언어적 의사소통수단인 촉각과 시각, 청각을 통해 주로 세상과 소통합니다. 이 중에서 특히 '촉각'은 가장 강력한 소통 감각입니다. 누군가의 부드럽고 따뜻한 살갗의 감촉은 부드럽고 따스한 말과 동일한 기능을 합니다. 언제나 네 편임을 알려주는 비언어적 메시지인 셈이지요.

낯선 사람이 엄마에게 안겨 있는 아기가 귀여워 안아보겠다며 손을 내밀면 어떤 아기들은 재빠르게 반대쪽으로 고개를 돌려 외면하고 엄마에게 더 깊이 안깁니다. 부모 외엔 안심이 안 되는 것입니다. 제 아이들이 두세 살이 되었을 무렵 퇴근해서 돌아와 아이들을 안아주면 세상을 다 얻은 듯이 룰루랄라 의기양양해했던 모습이 아직도 눈에 선합니다. 아이들이 애착을 형성할 때 가장 1순위로 여기는 것은 '피부 접촉'입니다. 직접 피부를 맞대며 전해지는 그 온기를 통해 부모의 존재를 크게 인식하고 안정감을 느낍니다. 든든한 존재가 자신을 지켜준다는 사실이 피부를 맞대며 확인되는 순간 아이의 생존적 자존감은 한 단계 상승합니다.

기억하시나요? 20~30년 전만 해도 우리 어머니들은 빨래할 때도 외출할 때도 늘 아기를 포대기로 감싸 업고 다녔습니다. 온종일 부모와 아이가 살을 맞대고 서로의 온기를 느끼며 시간을 보낼 수 있었지요. 관계도 끈끈했습니다. 반면 서양은 포대기라는 것도 없었을뿐더러 아이를 일찌감치 혼자 자게 하고 밤에 울어도 내버려두는 등 우리의 전통 육아 방식에 비해 애착 형성 측면에서는 한참 열악한 편이었지요. 이런 냉랭한 육아는 오늘날 설득력이 점점 약해지고 있습니다. 서양 청소년들의 투철한 개인주의, 높은 공격성과 중독성 등 사춘기 반항 수준을 넘어서는 일탈 행동과 성인이 된 이후 부모와의 소원한 관계를 비롯하여 정 없는 사람으로 성장하는 주된 원인 중 하나를 이 애착 형성의 부족에서도 찾아볼 수 있습니다.

서양식 육아법과 청소년 문제

약 20~30년 전부터 국내에도 서양식 육아법이 유입되기 시작하면서 포대기 문화는 점점 사라지고 유모차가 대세를 이루기 시작했습니다. 일부 가정에서는 아기를 얼마나 많이 안아줄 수 있을까를 고민하기보다 얼마나 근사한 외국 브랜드의 유모차를 끌고 다니느냐가 더 큰 관심사로 떠올랐습니다. 또 아이가 서너 살만 되어도 독립심을 길러주기 위해 자기 방에서 혼자 재워야 한다는 등 이렇게 서양식 육아법이 어느덧 국내에서 자연스럽게 자리를 잡게 되었습니다. 그런데 왕따와 학교폭력이 사회 문제로 떠오른 시기가 불과 10~20년 전입니다. 서양식 육아법이 유행하기 시작한 시기로부터 10년이 지난 후 나타난 현상이라는 것과 연관 지어본다면 그렇게 자란 아이들이 10대가 되는 시기와 일치하는데, 이게 과연 우연의 일치일까요?

2012년 방영되었던 EBS 교육다큐 〈오래된 미래, 전통육아의 비밀〉에 따르면 어릴 적 부모와 충분히 친밀감을 나누며 자란 아이들의 사회성과 독립심이 더 컸다고 이야기합니다. 그 결과 미국의 부모들이 뒤늦게 스킨십의 중요성을 깨닫고 한국식 포대기에 열광하고 있다는 뉴스가 보도된 바 있습니다.

애착의 순기능

늦은 밤 아파트 단지를 산책하는 중이었습니다. 제 앞에는 엄마, 아빠, 그리고 대여섯 살로 보이는 여자아이까지 이렇게 단란한 가족이 손을 꼭 잡고 걸어가고 있었지요. 그러다가 가로등이 꺼져 어둑어둑해진 구간에 들어서자 아이가 나지막한 목소리로 "엄마, 깜깜해" 하고 말했습니다. 아이 엄마는 아이 음성에 배어 있는 미세한 두려움을 바로 감지하고 말하더군요. "응! 무서워서 그래? 엄마랑 아빠 손잡고 가니까 괜찮아."

이 상황에서 부모가 아이의 독립심을 길러준다는 명목으로 혼자 씩씩하게 걸어가라고 한다면 어떻게 될까요? 어린아이에게는 스스로 두려움을 떨칠 수 있는 대안이 없습니다. 온몸으로 공포와 맞서게 될 거예요. 아이 머릿속에는 이 세상에 의지할 사람이 없다는 생각을 하게 될 것이고, 이 생각은 아이의 자존감 형성에 안 좋은 영향을 주게 될 겁니다. 부모에 대한 신뢰가 무너지고 불안감과 두려움 탓에 타인과 세상에 대해 호의적인 태도를 갖기가 어려울 거예요. 이는 자연스럽게 '나는 이 세상에 살 만한 가치가 별로 없는 사람'이라는 생각으로 연결되어 생존적 자존감의 수준 또한 낮아지게 될 겁니다.

만약 이런 일들을 반복해서 경험하게 된다면 '부모를 포함하여 이 세상에 믿을 사람은 아무도 없다' 하는 생각에 독립심은 생길지 모르지만 이는 건전한 독립심이 아니라 불신과 고립감에서 나온 방어적인 독립심입니다. 그래서 타인이 자신의 감정을 살짝만 건드려도 과도하게 공격성을 드러내거나, 자신의 생명과 삶을 별로 소중하게 생각하지 않게 돼 유혹이나 중독에 쉽게 빠지게 되거나, 개인주의 의식이 강해져 가족과의 유대관계를 중요하게 여기지 않게 될 가능성이 높습니다.

반면 부모님께서 아이의 손을 꼭 잡고 '넌 혼자가 아니야' 하고 스킨십으로 감정을 전해준다면 아이는 그것만으로도 두려움을 떨칠 힘과 용기를 얻습니다. 내가 어디서 무엇을 하든 나를 지켜봐 주고 기다려주고 믿어줄 누군가가 이 세상에 있다는 믿음은 아이를 든든하게 지켜줍니다. 이렇게 큰 아이들은 타인과 세상에 대해 높은 신뢰감과 호감을 가지고 살아갑니다. '나는 이 세상에 살 만한 가치가 있는 사람'이라는 생존적 자존감이 커집니다. 더불어 독립심도 강해지는데 이때의 독립심에는 타인과 세상에 대한 신뢰와 자신감에서 우러나오는 적극적인, 진정한 자신감이 깔려 있습니다. 공격성은 낮아지고 사회성은 높아지며 자신의 생명과 삶을 소중하게 여기니 나쁜 유혹에도 쉽게 빠지지 않습니다. 개인보다 전체의 이익을 고려하고 가족과도 친밀한 관계를 맺는, 이타심 있는 사람이 될 가능성이 높습니다.

'넌 이제 다 컸다.'

동생의 행동에 부모님이 즉각 반응하는 것을 보고 동생의 말투와 행동을 따라 하며 어리광을 부리는, 첫째 아이들이 많습니다. 한 엄마는 첫째가 동생을 따라 아기 말투로 칭얼대자 정색하면서 "넌 이제 여덟 살이고 형이잖아. 형답게 의젓하게 행동해야지" 하고 아이의 어리광을 받아주지 않았다고 합니다. 보통 둘 이상의 아이들을 키우는 부모님의 경우 첫째를 일찍 독립시키려는 경향을 보입니다. 하지만 첫째 역시 아직 어린아이일 뿐입니다. 부모와의 스킨십을 통해 한창 애착을 강화시켜야 할 나이에 일찌감치 동생에게 그 자리를 빼앗겼으니 첫째가 느꼈을 좌절감, 박탈감은 상당할 것입니다.

독립심은 아이가 안정된 애착을 형성하는 과정에서 자연스럽게 자리 잡아야 하는 것입니다. 열 살 넘은 아이의 어리광이 반드시 퇴행이나 미성숙을 의미하는 것은 아닙니다. 저 역시 어렸을 때 부모님이 맞벌이였기 때문에 부모님의 품에 충분히 안기지 못했고, 함께 있는 시간에도 어리광을 받아주지 않았던 기억이 있습니다. 우리나라는 전통적으로 '조금 큰 아이의 어리광을 받아주면 응석받이가 된다'라는 생각이 지배적입니다. 이런 육아 지침들이 어떤 과학적 근거에서 나왔는지는 알 수 없습니다. 아마도 일정한 육아 기간이 지나면 새끼들을 독립시키기 위해 매정하게 떼어내는 동물들의 습성에서 유래된 것일 수도 있겠다는 생각도 잠시 해보았습니다.

동물들은 야생에서 살아남기 위해 자신의 생존을 우선시해야 합니다. 먹이 경쟁에서 우위를 차지하기 위해 강한 이기심이 필요하고, 어미로부터 일찌감치 떨어져 나와 생존하기 위해서는 독립심을 반드시 갖춰야 하지요. 하지만 사람은 독립한다고 해서 부모와 단절되는 것이 아닙니다. 이기심 못지않게 이타심이 필요하고, 타인과 경쟁도 해야 하지만 동시에 타인과의 협력과 친밀함을 기반으로 살아야 하는 존재입니다. 타인을 적으로 삼고 관계에 담을 쌓는 폐쇄적인 독립심이 아니라 타인을 친구로 여기고 활발하게 교류하며 친밀한 관계를 쌓기 위한 개방적인 독립심을 갖춰야 합니다.

육아 전문가 신순화 선생님 말씀에 따르면 아이를 부모와 분리하여 키우는 서양식 육아를 국제애착육아협회에서는 '잔인한 육아'라고 부른다고 합니다. 자기 방에서 따로 자게 하거나, 어린이집을 일찍 보내야 하거나, 포대기가 촌스럽다고 여기거나, 허리에 무리가 가는 등 여러 사정 때문에 아이를 분리해서 키우는 것은 어쩔 수 없다 치더라도 한창 애착을 형성해야 할 시기에 아이에게 독립성을 키워준다는 명분으로 아이와의 피부 밀착을 멀리 하거나 어리광을 받아주지 않고 철벽을 치는 부모들이 굉장히 많습니다. 심지어는 "네가 애기야?" 하고 쏘아붙이는 경우도 있습니다. 이와 같은 서양식 육아와 동서양을 지배해 온 오래된 고정관념 때문에 아이들이 애착 형성에 지장을 받게 돼 성숙하지 못한 인성을 가진 사람들이 그간 사회에 대량으로 배출되는데 일조한 것은 아닌지 의심스럽습니다.

애착과 독립심의 관계

아이와의 애착 형성에 심혈을 기울이는 것까지는 좋습니다. 그런데 이러다가 아이가 응석받이로 자라면 어쩌죠? 독립심 강한 아이로 자랐으면 하는데 그것이 가능할지 걱정되실 겁니다. 아들러는 이에 대해 "부모가 자녀에게 과도한 사랑과 관심을 주어서 응석받이가 되는 것이 아니라 자녀가 해야 할 삶의 과제를 부모가 빼앗아 가기 때문에 응석받이가 된다"라고 지적한 바 있습니다. 아이가 버릇이 없어지고 응석받이가 되어 독립심이 약해지는 이유는 애착 행동을 애착 형성에서 끝내지 않고 주어진 일과 의무에까지 무제한으로 연장하기 때문입니다.

예를 들면 자신이 오늘 풀기로 약속한 문제 풀이를 하고 싶지 않을 때 어리광을 피우며 부모에게 매달리곤 합니다. 이때 부모님은 애착을 위해 어리광을 받아줘야 할지, 냉정하게 뿌리쳐야 할지 고민이 되실 겁니다. 부모님께서는 스스로 원칙을 정한 뒤 육아에 적용하셔야 합니다. 애정을 줄 때는 듬뿍 주되, 아이가 책임을 다해야 하는 순간에는 단호해야 합니다. 책임을 완수하도록 적절한 훈육을 적용하셔야 한다는 말입니다. 그렇게 되면 아이는 독립심은 물론이고 책임감까지 배울 수 있게 됩니다.

애착 형성이 부족한 아이들이 오히려 독립성이 떨어집니다. 애정이 결핍되면 애정에 목마르게 됩니다. 내 호수에 마실 물이 적으니까 남의 호수를 기웃거리거나 집착하고 심지어 빼앗아 올 생각을 하게 될 가능성이 높습니다. 타인을 향한 의존성이 강해지거나 냉정하고 이기적인 사람으로 성장할 수 있습니다.

애착 형성이 부족한 아이들의 가장 큰 문제는 스스로를 평가절하하게 된다는 것입니다. 이렇게 되면 생존적 자존감이 낮아집니다. 이런 상황에서 낯선 사람이 자신에게 친절을 베풀면 어떻게 될까요? 나처럼 부족한 사람에게 잘해준 것에 감동하여 그 사람에게 쉽게 의지하게 될 가능성이 높습니다. '저 사람 없으면 난 못 살아' 하면서 타인에 대한 의존성이 커집니다. 자신의 가치를 스스로 낮게 여겨 건강한 독립성 발달에 방해를 받습니다. 이런 아이들이 훗날 자라 직장에서 일을 하게 되면 독불장군이 될 가능성도 높습니다. 일도 권한도 배분할 줄 알아야 큰일을 도모할 수 있는 것입니다. 리더의 자리에 오르기 위해서는 팀원의 감정에 공감하고 생각을 나누며 성공적인 수행을 위해 자신을 희생할 줄도 알아야 하는데 그것이 어렵습니다.

반면 애착 형성이 잘된, 즉 사랑을 듬뿍 받은 아이들은 생존적 자존감이 높습니다. '나는 이 세상에 살 만한 가치가 있는 사람'이라는 강한 인식 덕분에 독립하더라도 당당하고 매사에 자신감이 있습니다. 좌절하더라도 쉽게 의기소침해하지 않으며 우울감에 빠지지 않습니다. 관계를 맺는 일이나 일을 추진할 때도 강한 주체성과 독립심으로 문제를 잘 헤쳐 나갑니다. 게다가 높은 생존적 자존감은 높은 이타적 자존감으로 연결되는 경우가 많기 때문에 나아가 타인에게 도움을 주는 사람이 될 가능성이 높습니다. 내 호수의 물이 풍부하므로 남에게 물을 나눠 줄 여유가 생기는 것입니다. 자신이 받은 사랑만큼 남에게 돌려주는 것이 당연하다 여깁니다. 이런 생각이 많아지면 사회가 따뜻해집니다.

부모 아이 간에 애정을 나눌 수 있는 시간은 정해져 있고 쏜살같이 지나갑니다. 그 귀한 시간을 잘못된 관습 때문에 애착 형성이 제약되어 왔다는 사실은 참으로 안타까운 일입니다. 어릴 땐 피부 접촉을 통해 최대한 애착을 형성하고 중학생, 고등학생, 성인이 됨에 따라 피부 접촉이 자연스럽게 줄어들게 되면 말이나 다른 여러 가지 방식으로 최대한 애정을 나누면 되는 것입니다. 그 좋은 걸 아낄 이유가 없습니다.

원칙 2
감정 인정

　'감정 인정'은 부모가 아이의 감정을 있는 그대로 인정하고 존중해 주는 행동을 말합니다. 많은 부모님들께서 밖에서 분통 터지는 일을 당하고 집에 와 억울함을 토로하는 아이에게 "네가 잘못을 했겠지. 그 사람이 괜히 너한테 화냈겠니?"라고 핀잔을 주는 경우가 더러 있습니다. 속상한 아이의 마음을 더 아프게 하는 부모의 말입니다. 이럴 때는 아이의 잘못을 집요하게 찾아낼 것이 아니라 아이의 말을 끝까지 듣고 난 뒤에 "아빠가 너였어도 정말 억울하겠다"라고 아이가 겪었을 감정을 인정해 주는 것이 좋습니다.

　이렇듯 아이의 감정을 있는 그대로 인정하고 존중해 주는 부모의 한 마디는 아이의 마음을 다독이며 속상한 감정을 치유해 줍니다.

더불어 아이의 인성을 함양시켜 주는 교육 효과도 있습니다. 정확히 말하면 생존적 자존감과 이타적 자존감 향상에 큰 효과가 있습니다.

아이 감정에 진심인 부모

어린아이들은 언어가 서툴러 자신의 감정을 능숙하게 표현하는 일이 어렵습니다. 대신 행동으로 감정을 드러내지요. 이때 부모님께서 아이의 감정을 빠르게 이해하고 이에 즉각적으로 반응해 준다면 아이는 긍정적이고 행복한 아이로 자랄 수 있습니다. 특히 아이가 울거나 떼쓰거나 화내는 등 부정적인 감정을 드러낼 경우에는 더 적극적으로 반응해 주셔야 합니다. 부모에게 자신의 감정을 충분히 인정받은 아이는 빠르게 감정을 조절하고 안정을 찾을 수 있습니다.

이런 경험들이 쌓일수록 아이는 언제 어디서든 자신은 이해받을 수 있는 존재이고, 어려움이 생기면 부모에게 도움을 받을 수 있을 거라는 강한 확신을 갖습니다. 부정적인 감정을 과격하게 표현하는 대신 적절한 표현을 찾아가게 되지요. 이렇게 자신의 감정을 인정받고 이해받은 아이들은 타인의 감정 역시 존중하는 아이로 자랍니다. '내 존재는 많은 사람들을 행복하게 만들어. 참 잘 태어난 것 같아' 하는 생각이 아이 마음속에 가득 들어찹니다. 그리고 이 말은 생존적 자존감이 높아진다는 것을 의미합니다.

하지만 아이의 부정적인 감정을 부모가 인정해 주지 않고 무시하거나 윽박지르면 아이는 점점 더 과격해집니다. 소리를 지르거나 때리거나 물건을 던지는 등 격한 감정을 다스릴 겨를도 없이 계속해서 떼를 쓰게 됩니다. 그러면 부모님께 야단을 맞습니다. 악순환의 고리가 반복되는 겁니다. 이런 경험이 반복되면 자존감이 낮아져 스스로의 가치를 존중하지 않습니다. 당연히 타인의 가치도 존중하지 않겠지요. 그렇게 되면 자신의 몸과 마음을 함부로 대하거나 충동적인 행동을 할 가능성이 높아집니다. '나는 왜 태어났지? 내 마음은 아무도 몰라. 애초에 태어나지 않는 것이 나을 뻔했어' 하는 생각이 꼬리에 꼬리를 물고 아이를 괴롭히게 됩니다. 이 아이의 생존적 자존감은 어찌 될까요? 말할 것도 없이 뚝 떨어져 바닥을 치고 말 겁니다.

부모가 아이의 감정을 인정해 줘야 한다는 말의 진짜 목적은 여러분의 아이도 감정이 있는 존재라는 사실을 인정하고 존중해 줘야 한다는 데 있습니다. 어릴 적 아이에게 형성된 자존감이 아이의 평생을 좌우합니다. 그리고 이 키를 쥐고 있는 사람은 바로 부모님이라는 사실을 잊지 않으셨으면 합니다.

감정 인정 시 주의사항

최근 아이를 교육하는 데 있어서 아이의 감정 인정이 큰 비중으로 다뤄지고 있습니다. 시중에 출간된 자녀교육서들을 살펴보니 감정 인정을 감정 코칭, 공감, 동감, 감정공유 등 다양한 단어로 설명하고 있더군요. 결국 모두 같은 감정 인정의 중요성에 관한 이야기를 하고 있다는 것을 발견할 수 있었습니다.

하지만 제가 알려 드리고자 하는 것은 지금까지의 감정 인정에 대한 이야기와는 조금 다릅니다. 이는 기존 책들의 내용을 비판하려는 것이 아니라 '우리가 어떻게 해야 아이들을 올바르게 교육할 수 있을까?'라는 질문의 정답을 찾는데 다 같이 지혜를 모아보자는 취지입니다. 감정 인정은 자녀가 특정 감정 상태가 되었을 때 부모가 그 감정을 무시하지 않고 인정하고 존중해 주는 행동을 말합니다. 가령 친구와 다투고 온 아이에게 "네가 그 아이 감정을 건드렸겠지" 하는 식으로 부모가 아픈 아이의 마음을 더 아프게 하는 경우가 종종 있습니다. 그렇게 하지 않고 아이의 말을 다 들어 본 후 "네가 화가 날 만도 했겠다" 하는 식으로 아이의 감정을 인정해 주고 존중해 줌으로써 아이의 마음을 다독거려 주고 치유해 주는 행동이 바로 '감정 인정'입니다.

1. 감정 인정의 목적은 감정 키우기가 아니다

감정 인정의 목적은 아이의 가치를 인정하고 존중해 주는 것입니다. 하지만 일부 책들이 잘못 이해하고 있는 것이 있습니다. 아이의 감정을 인정해 주는 것에서 얻을 수 있는 최대 목표가 아이의 '감정표현능력을 극대화시키는 것'이라고만 생각하는 겁니다. '아이의 감정을 인정하고 공감해 주면 감정 표현이 풍부한 사람으로 자라겠지?' 하고 말이지요. 하지만 감정은 수단이지 그 자체가 목적은 아닙니다. 이를 알기 위해서는 감정의 본질을 이해할 필요가 있습니다. 인간이 감정을 가진 이유는 위험을 피하고 행복을 얻기 위해서입니다. 공포나 분노 같은 부정적 감정을 통해 위험에서 도망치거나 맞서고 동료들의 도움을 받을 수 있습니다. 평범한 감정 상태보다 공포나 분노 등의 감정 상태가 더 강력한 힘과 도움을 이끌어내어 생존가능성을 더 높일 수 있는 것이지요. 따라서 아이가 부정적 감정 상태임에도 불구하고 부모가 그 감정을 무시한다면 그것은 아이에게 '네가 위험에 빠진다 하더라도 그건 별로 중요한 일이 아니야'라는 메시지가 됩니다. '나는 이 세상에 살아갈 가치가 별로 없는 사람'이라는 의미가 되는 것이지요.

한편 즐거움, 기쁨 등의 긍정적 감정들은 인간이 삶의 행복을 느낄 수 있는 도구들입니다. 따라서 아이가 백점을 맞아왔는데도 부모가 시큰둥한 반응을 보인다면 이것은 아이에게 '네가 이 세상에 행복하게 살든 못 살든 그건 별로 중요한 일이 아니야'라는 의미로 받아들여져 아이의 생존적 자존감을 낮추게 됩니다. "너 정말 기분 좋겠구나. 엄마도 ○○이가 열심히 노력한 게 너무나 기쁘단다"라고 말해 줘야 합니다.

이처럼 부모가 아이의 감정을 인정해 주는 것의 본질은 아이의 감정 자체에 있는 것이 아니라 아이도 감정이 있는 귀한 존재라는 사실을 인정해 주고 존중해 주는 것에 있는 것입니다. 그러므로 감정 인정이 아닌 감정표현능력을 기르는 것을 목적으로 하면 안 되는 것입니다. 이제 부모님께서 아이들의 감정을 인정해 줄 때 유의해야 할 점들을 알아보도록 하겠습니다.

첫째, 감정 중에 절제해야 하는 감정들이 있습니다. 가령 아이가 미워하는 친구를 두고 "죽어 버렸으면 좋겠어" 하고 말했다면 어떻게 해야 할까요? 감정표현능력을 길러준다는 의미로 그런 마음을 더욱 많이 품으라고 권고해선 안 되겠지요. 물론 "그런 마음 품으면 나쁜 사람이야!" 하고 무조건 억압하는 것도 바람직하지 않습니다. 그럼 어떻게 해야 할까요? 감정 인정의 본질이 '아이의 가치를 인정하고 존중'하는 것임을 떠올려보세요. 도덕 윤리와 상관없이 그런 나쁜 감정들이 여과 없이 분출되는 것은 야성의 뇌이자, 무의식의 뇌가 시킨 일입니다. 그런 감정은 인간이면 누구나 가질 수 있는 것이기 때문에 그런 감정 자체를 탓해선 안 됩니다. 따라서 죄책감까지 느끼게 할 필요는 없습니다. 그렇다 하더라도 여전히 너는 가치 있는 존재라고 알려주고 인정해 줘야 합니다. "○○아, 친구와 다투면 그 친구가 미워질 수 있어. 누구나 그런 생각이 들 수는 있어"라고 말이지요. 이렇게 말해 주는 것은 아이도 감정이 있는 존재이며, 다른 사람들처럼 너도 그런 감정을 가질 수 있는 자격이 있는 사람이라는 걸 인정해 주는 것입니다. 만약 "누가 그런 나쁜 생각하라고 했어?" 하고 야단친다면 이건 아이가 그런 감정을 품을 가치도 없는 사람(감정도 없는 존재)으로 보는 것이고, 아이의 생존적 자존감이 하락할 것입니다. 나쁜 감정을 입 밖으로 표현하면 안 된다는 사실을 부드럽지만 단호하게 가르쳐야 합니다. "그렇다고 하더라도 그런 생각은 함부로 입 밖에 내면 안 되는 거야. 알았지?" 이것이 감정 조절 및 감정 처리 훈련입니다. 지성의 뇌의 통제력을 강화시키는 훈련이기도 하고 이타적 자존감을 향상시키는 훈련이기도 합니다. 아이들도 나쁜 말 하는 게 나쁘다는 걸 알고 있습니다. 이걸 말해 주지 않으면 아이를 방임하는 것이고 '나는 이 세상에서 나쁜 말이나 하면서 아무렇게나 살아도 된다는 거구나' 하고 아이의 생존적 자존감이 살짝 낮아집니다. 부모가 자신을 사랑하지 않는다고 어렴풋이 느끼기 때문입니다. 하지만 지적할 경우 잘못을 지적 받은 아이는 의기소침해지지만 부모님께서 내가 잘 살 수 있도록 규범을 가르친다고 느끼기 때문에 오히려 아이의 생존적 자존감은 높아집니다. 초등학생 정도가 되면 알 건 다 아니까요.

한편 감정이 어쩔 수 없이 느껴지는 것과 계속 그 감정을 의도적으로 품는 것은 다른 것입니다. 나쁜 감정이 잠시 들 순 있어도 그걸 가급적 빠르게 마음에서 지우는 훈련이 필요합니다. 왜냐하면 남을 미워하는 감정은 자신에게도 해롭기 때문입니다. 시간이 지난 다음에 이렇게 말해 주세요. "○○아, 친구를 미워하는 감정을 마음속에 계속 간직하는 것은 좋은 일이 아니야. 될 수 있는 한 그 친구를 좋은 쪽으로 이해할 수 있도록 노력해 봐." 감정표현능력과 감정조절능력뿐만 아니라 감정자제능력도 길러야 합니다. 이것도 지성의 뇌의 통제력을 기르는 이타적 자존감 향상 훈련입니다. 미운 감정을 품는 것을 자제하라는 말에도 아이를 향한 존중이 담겨있습니다. 아이들도 남을 미워하는 것이 자신에게도 좋지 못한 것이라는 사실을 어렴풋이 알고 있습니다. 따라서 미운 감정을 절제하라는 부모의 코칭은 아이로 하여금 '엄마 아빠가 나를 위해서 그렇게 말씀해 주시는구나'하고 느끼게 만듭니다. 미운 감정의 억제는 아이를 보호하고 존중해 주는 행동입니다.

절제해야 할 감정 중에는 미움과 같은 부정적 감정만 있는 건 아닙니다. 혹자는 기쁨 중에서 남이 잘 안 된 것에 대해 쾌재를 부르며 고소해 하는 것도 긍정적 감정이라고 말합니다. 하지만 이런 감정들은 생존적 자존감이 아니라 이기적 자존감을 높이는 것들입니다. 최대한 자제시켜야 하는 감정입니다.

슬픔과 울음의 경우를 보겠습니다. 아이가 울고 있을 때 감정표현 능력을 길러준다고 "그래, 더 크게 울어! 펑펑!" 하는 게 꼭 바람직한 것은 아닙니다. 물론 마음껏 슬퍼하고 실컷 울어야 할 경우도 있습니다. 하지만 감정 인정의 목표가 울보나 나약한 인간을 만들려는 것은 아닙니다. 슬픔이나 눈물을 참을 능력도 길러야 합니다. 툭하면 눈물을 터뜨리는 아이가 감성이 풍부한 것은 맞지만 힘든 일을 추진할 때 어렵다고 주저앉아 울기만 하고 포기하거나 우느라 시간을 낭비할 가능성이 높은 것 또한 사실입니다. 눈물을 꾹 참고 묵묵히 견디는 힘이 더 중요할 때가 많습니다. 캔디가 괜히 "외로워도 슬퍼도 나는 안 울어"하고 노래를 부른 것이 아닙니다. 다 이유가 있습니다. "서글퍼서 우는 거구나" 하고 먼저 인정해 주고 너무 자주 울거나 사소한 것 가지고 울 경우엔 "슬픈 마음은 아빠도 이해하지만 너무 많이 울 필요는 없단다. 세상엔 진짜 크게 울어야 할 일들이 많아" 하고 자제시키는 훈련도 필요합니다. 제 아이들이 어릴 때 울음을 떼를 쓰거나 벌을 면해 보려는 수단으로 사용하는 경우가 가끔 있었습니다. 그때 이렇게 말했던 것이 기억납니다. "이번엔 울어도 소용없어." 이와 같이 감정의 남용을 통제해야 할 때도 있습니다. 그런데 사적인 미움의 감정이 아니라 정의감에 불타서 불의를 미워하고 분노하는 감정도 있습니다. 또 불쌍한 사람을 보고 눈물을 흘리는 경우도 있습니다. 이런 감정들은 부정적 감정이 아니라 긍정적 감정들이며 건전한 감정들이기 때문에 절제시키는 것이 아니라 "명숙이 멋있는데? 수퍼히어로 같아" 또는 "성철이가 참 아름다운 마음을 가졌구나" 하고 북돋워 줘야 합니다.

둘째, 감정 인정이 핵심이 아닌 경우도 많습니다. "엄마 때문에 화났어"라고 말하는 것처럼 아이들의 부정적 감정의 원인이 부모인 경우가 대단히 많습니다. 이런 경우 감정 인정을 어떻게 해야 할까요? 이런 상황에서 감정 인정의 공식을 그대로 적용하여 아이의 감정을 있는 그대로 인정해 주기 위해 "그랬구나. 그래서 화가 났구나" 하고 말해준다면 "그래! 화났어! 다 아빠 때문이야! 몰랐어?" 하고 화를 더 돋울 가능성이 농후합니다.

이때는 감정을 그대로 인정하는 공식에서 탈피해서 감정 인정의 본질에 더 충실해야 합니다. 바로 '아이 존중'입니다. 즉 아이의 감정을 인정해 주는 것이 아이를 존중해 주는 핵심이 아니고, 아이에게 잘못을 한 부모가 사과하는 것이 핵심입니다. 만일 부모가 잘못한 게 명백한데도 불구하고 사과를 하지 않는다면 아이는 자신이 이 세상에서 억울한 피해를 당하고 살아도 되는 그런 가치 없는 사람이라고 생각하게 되어 생존적 자존감이 하락합니다. 이땐 감정 인정은 곁가지고 부모의 솔직한 사과가 몸통입니다.

셋째, 아이의 의견 존중도 감정 인정과 같은 것입니다. 예를 들어 아이와 독서 계획을 짜는데, 부모가 "하루에 한 권씩 읽자. 글씨도 크고 그림도 많잖아. 다른 친구들은 하루에 두세 권씩 읽는대" 하고 말했다고 칩시다. 아이가 주눅이 들어 작은 목소리로 "나는 아직 글자 읽는 게 어려운데, 일주일에 한 권씩 읽으면 안 돼?" 하고 답했습니다. 이걸 단칼에 "안 돼. 너무 적잖아"라고 묵살해 버리면 이 아이는 앞으로 입을 열지 않을 겁니다. 자신의 의견이 반영되지 않는다는 사실에 좌절하고 이것은 아이의 생존적 자존감을 낮게 만들 것입니다.

아이의 의견은 아주 작은 것이라도 무리가 되지 않는 선이라면 반영해 주는 것이 좋습니다. 아니면 대화를 통해 중간 지점을 찾아가는 것도 좋고요. "○○이가 글자 읽는 것이 서투니까 엄마가 옆에서 도와주면 어떨까? 우리 함께 일주일에 두 권씩 읽어보는 거야." 이렇게 대화를 통해 접점을 찾게 되면 아이는 자신감을 얻고 계획한 대로 실천하기 위해 더 노력하게 될 겁니다.

2. 감정 인정의 종착지는 '공감'이다

감정 인정의 목적은 '존중'이고 아이의 자존감 향상입니다. 부수적으로 감정표현능력이 길러지는 건 사실이지만 그 방향도 예술가로 키우기 위한 것은 아닙니다. 감정 인정을 통해 얻는 부수적인 감정 능력이 궁극적으로 닿는 곳은 자신의 감정을 잘 이해해서 사람다운 삶을 산다는 것에서 더 나아가 '공감력'입니다.

공감력이란 다른 사람의 감정을 이해하고 진심으로 같이 느낄 줄 아는 능력입니다. 이타심과 직결되는 능력이지요. 공감력은 야성의 뇌 영역의 기능인데, 이것이 지성의 뇌의 이타적 자존감과 결합될 경우 타인을 진심으로 사랑할 수 있게 되어 가장 바람직한 인성이 완성됩니다. 감정 인정을 통해 아이의 생존적 자존감이 높아지면 자연스럽게 이타적 자존감의 향상으로 이어지게 되는 것과 동일한 개념이라고 할 수 있습니다.

원칙 3

자율성

비슷한 문제가 발생한 상황에서 "못 하겠어요. 엄마가 해주세요" 라고 말하는 아이가 있는 반면 "제가 한번 해볼게요"라고 말하는 아이도 있습니다. 한 아이는 노력도 해보기 전에 포기하는 반면 다른 아이는 그럼에도 불구하고 용기내서 해보겠다고 말하지요. 대체 왜 이런 차이가 생기는 걸까요?

잔소리의 문제점

부모들이 지금 당장 개선해야 하는 것 딱 한 가지만 집어달라고

요청한다면 망설임 없이 즉각 대답할 수 있습니다. '잔소리'입니다. 잔소리를 들을 때마다 아이들의 자존감(생존적 자존감과 이타적 자존감)이 떨어집니다. 또 아이는 '나는 이 세상에 살아갈 가치가 별로 없는 사람인가 보구나'하고 무의식적으로 느끼게 됩니다. 이것은 자신감을 하락시키고 지성의 뇌의 고등지능까지도 끌어내립니다.

아이들이 잘못을 하더라도 큰 잘못이 아니라면 스스로 이를 깨닫고 교정하고 또 고치도록 둬야 지성의 뇌의 능력을 발전시킬 수 있습니다. 이것이 진정한 자율성의 함양입니다. 그렇다고 방치형 양육처럼 아이들의 모든 잘못에 침묵하라는 것은 아닙니다. 반복되는 잘못이나 도둑질, 감정 조절을 못하는 것과 같이 타인에게 해를 끼치는 심각한 잘못을 저지른다면 반드시 훈육이 필요합니다. 하지만 이런 심각한 잘못이나 단점을 제외한 자잘한 것들, 특히 간단한 실수들은 모른 척하고 넘어가 주는 것이 훨씬 좋습니다.

몇 년 전 여름, 35~36도를 넘나드는 무더위가 지속되던 날 아침이었습니다. 당시 중학교 3학년이었던 둘째 아이가 친구들과 한강시민공원에 놀러가기로 했다는 것입니다. 아이들은 생각이 깊지 못한 경우가 종종 있는데, 그때마다 바로 잔소리를 하는 것보다는 그냥 지켜봐 주는 것이 좋습니다. 저는 전날 뉴스에서 연일 이어지는 폭염 때문에 한강시민공원이 텅 비어있는 영상을 본 것이 기억나서 오늘 한강에 가면 일사병 걸릴 수 있다고 즉각적으로 개입했습니다. 이런 것들이 잘못된 개입이라고 할 수 있습니다. 아이는 왜 기분 좋게 놀러 가려는데 막느냐며 불편하게 생각했습니다. 이럴 땐 그냥 조용히 보내 주고 아이들이 직접 땡볕을 경험해 보게 두는 것도 좋은 교육입니다. 고생은 하겠지만 아이들 나름대로 시행착오를 통해 스스로 깨우치고 배우게 될 것입니다. 나중에 어떻게 했냐고 물었더니 한강에 갔다가 더워서 곧바로 다른 곳으로 갔다고 합니다.

작은 핀잔도 금물

아이들이 자신의 중심을 잡게 해야 합니다. 자꾸 여기서 툭 건드리고 저기서 툭 건드리면 기우뚱하고 비틀비틀 우왕좌왕하며 중심이 흔들리게 됩니다. 그래서 작은 핀잔도 안 하는 것이 좋습니다. 핀잔하는 부모는 입에서 가볍게 흘러나오는 것이라 별것 아닌 것처럼 느껴질 수 있습니다. 하지만 듣는 아이 입장에서는 이것이 증폭되어 다가오기 때문에 큰 스트레스를 받을 수 있습니다. 작은 잔소리일지라도 아이들의 스트레스 호르몬 분비를 촉진시켜 지성의 뇌의 고등 지능에 미세하게 손상을 줍니다. 이것은 부모들이 인성교육과 관련하여 반드시 알아야 할 것 중 하나입니다.

이 스트레스가 오랜 시간 아이에게 축적된다고 생각해 보세요. 공부 잘하는 아이의 부모님은 잔소리를 잘 안 하지요? 그게 공부를 잘해서 잔소리를 안 하는 것이 아니라 반대로 잔소리를 안 해서 공부를 잘하는 것일 수도 있습니다. 부모님들은 잔소리를 엄격히 통제하셔야 합니다. 꼭 필요할 때 겨우 한 마디 건넬 정도로 신중하셔야 합니다. 그래야 아이의 자율성과 생존적 자존감이 커져 행복한 사람으로 성장할 수 있습니다.

그렇다고 필요한 잔소리마저 하지 말라는 건 아닙니다. 가령 '밥 먹었니?'라는 말도 아이에 대한 관심을 베푸는 것이므로 뻔한 말 같지만 의미 있는 것입니다.

성적보다 중요한 것

인간에게 목숨보다 소중한 가치 단 한 가지를 고르라고 한다면 아마 '자유'라고 대답하는 분들이 많을 것입니다. 자유와 극단적으로 대비되는 상태는 '닭장 속의 닭'을 들 수 있습니다. 부모가 강제로 이끄는 아이들은 닭장 속의 닭을 보며 자신들과 똑같다고 생각할 수 있습니다. 부모 입장에서야 딴 세상 이야기 같겠지만 아이들에겐 그렇지 않습니다. 이것은 생존적 자존감을 아주 심하게 떨어뜨립니다. 저희 부부는 두 아이가 초등학교 고학년이 되었을 때 아이들 인생에 있어서 한 가지 중대한 결정을 내려야 했습니다. 과연 아이들을 명문 대학교 입학을 위해 소위 말하는 국영수 학원 뺑뺑이를 강제로 돌릴 것인가 아니면 아이들 자율에 맡길 것인가 하는 문제였지요. 저희 부부는 다행히 둘 다 강압적인 방식은 내키지 않았습니다. 좋은 대학을 가더라도 누가 시켜서가 아니라 아이들 스스로 선택해서 열심히 공부해서 가는 것이 아이들의 인생에 더 의미 있고 가치 있을 거라고 결정한 것입니다. '나는 내 인생을 스스로 결정할 수 있기 때문에 이 세상에 살 만한 가치가 있는 사람'이라는 자율성과 생존적 자존감은 인생 전체의 토대를 이루는 것으로 다른 어떤 것보다도 소중합니다.

원칙 4
조건 없는 존중

아이가 공부를 잘하면 열광하며 모든 걸 들어 주려고 하고 그렇지 않으면 "공부도 못하면서"라고 말하는 냉담한 성향의 부모님들이 계십니다. 이것은 잘못된 태도입니다. 부모도 인간이니 말을 잘 듣거나 공부를 잘하는 아이가 예뻐 보이고, 말을 잘 안 듣거나 공부를 못하는 아이에게는 마음의 문이 닫히는 것은 사실입니다. 하지만 교육은 백년지대계라는 말처럼 아이의 인생은 깁니다. 눈앞의 성적만 가지고 연연해서는 대업을 이룰 수 없습니다. 아이가 현재는 영 못마땅하고 생각만 해도 속에서 열이 부글부글 끓어도 꾹 누르고 부모로서 마땅히 해야 할 일을 하셔야 할 것입니다.

그 일 중의 하나가 아이에게 무조건적인 애정 표현을 하는 것입니다. "내 딸로 태어나줘서 고맙다"(『감동을 주는 부모 되기』, 이호철 지음, 보리출판사) 같은 말을 해주면 아이의 생존적 자존감이 높아집니다. 돈, 외모, 공부와 같은 물질적 조건을 갖춰야만 부모에게 인정받을 수 있다는 것이 아니라 아이의 존재 그 자체로 부모에게 높은 가치를 지닌다는 말을 직접 들려줄 때 '나는 이 세상에 살 가치가 있는 사람이구나' 하는 아이의 생존적 자존감이 탄탄해집니다.

한 엄마는 어려서부터 딸을 '서울대 들어갈 딸'이라고 불렀다고 합니다. 그 딸은 서울대를 가진 못했지만 자존감이 매우 높았다고 합니다. '아버지 학교'의 창립자 김성오 대표는 형제보다 공부를 못해서 자랄 때 열등감을 많이 느꼈다고 합니다. 하지만 그의 아버지가 밑도 끝도 없이 "재는 나중에 한 자리 할 아이니까 무시하지 마라"라고 말해 주곤 했는데, 그 말이 자신에게 평생의 큰 힘이 되었다고 합니다. 이런 말을 들은 아이는 평생 그 말에서 샘물처럼 솟아나는 생명수를 마시며 인생의 가뭄을 겪더라도 목마름 없이 견뎌낼 수 있을 것입니다. 자신의 삶과 생명을 결코 함부로 다루지 않을 것입니다.

자신감 향상시키기

어느 날 제가 퇴근해서 들어오자 당시 2~3살이었던 둘째 아이가 "아빠, 웃긴 거 보여줄게요" 하더니 재미있는 동작을 선보이는 것입니다. 이렇듯 아이들은 자신이 이 세상에 살아갈 가치가 있다는 생존적 자존감을 무의식적으로 인식하면서 이를 높이기 위한 수단으로 '자기효능'을 발휘합니다. 그 역시 자신감의 하나로 볼 수 있습니다. 자신감은 '존중 받음'과 함께 생존적 자존감을 이루는 양대 축 중 하나입니다.

긍정을 통한 자신감 향상

아이의 자신감 향상을 위한 방안 중 우선되어야 할 것은 작은 일에도 적극적으로 칭찬해주는 것입니다. 가령 마트에 갔는데 아이가 자신이 쓸 물건이 아닌 가족을 위해 좋아 보이는 물건을 가져왔을 경우 너무 불필요한 물건이 아니라면 칭찬해 주고 받아주는 것도 필요합니다. 한 엄마는 쓸데 없다며 면박을 주고 "도로 갖다 놔!"라고 명령하기도 합니다. 아이의 자신감이 손상됩니다. 먼저 왜 골랐는지 이유를 물어보고 "그래서 가져왔구나. ○○이가 가져올 만 했네. 그런데 집에 이미 이 물건이 있어서 지금 당장 사지 않아도 될 것 같은데, 다음에 떨어지면 함께 사러 오면 어떨까?" 하고 제자리로 가져다 놓게 하는 것이 좋습니다. 좀 불필요한 물건이라 하더라도 아이 지성의 뇌를 키워주기 위한 인성교육 학원비라고 생각하고 사오는 것도 좋습니다.

어떤 엄마는 아이가 작은 일을 도와줄 때마다 "네가 있으니 확실히 편하네(『감동을 주는 부모 되기』, 이호철 지음, 보리출판사)"라고 말해준다고 합니다. 아이의 자기효능감(생존적 자존감)을 향상시켜주는 말입니다.

큰 아이가 어렸을 때 일입니다. 밤새 내린 비로 동네 성당 앞마당에 빗물이 고여 있었는데 아이가 그곳에 댐을 만들겠다고 흙을 모으기 시작했습니다. 한 시간 넘게 몰두하는 아이가 지쳐 보여 "그만하면 됐다. 이만 들어가자" 하고 여러 번 재촉했으나 아이는 자신이 하려던 일을 끝까지 하겠다며 고집을 부렸습니다. 그리고 결국 해냈지요. 저는 아이에게 "넌 정말 훌륭해. 힘들어도 포기하지 않고 끝까지 해냈구나" 하고 크게 칭찬해줬고, 십여 년이 흐른 지금도 그때의 일을 떠올리며 아이의 자신감을 북돋아주고 있습니다. "넌 네가 목표로 한 일을 결국 해낼 거야" 하고 말이지요. 아이는 이런 격려의 말을 들을 때마다 다시 도전할 힘을 얻을 겁니다.

부정적 표현을 긍정적 표현으로 변화시키는 법

아이들은 잘하는 일보다 잘 못 하는 일들이 훨씬 더 많습니다. 이 것은 당연한 일입니다. 칭찬은 가끔 하는데, 질책은 자주 한다면 자신감이 생기려다가 다시 사라지고 말 겁니다. 그렇다고 못 하는 걸 잘한다고 할 수도 없는 노릇이겠지요.

인젠리 작가의 책『좋은 엄마가 좋은 선생님을 이긴다(다산북스, 2012)』에 잘못을 저지른 아이에게 부모가 했던 표현이 감동적이었기에 소개해 봅니다. 그 어머니는 자신의 아이가 실수할 때마다 야단치는 대신 "뉴턴 같구나"라고 말해주었다고 합니다. 뉴턴이 연구에 몰두하는 바람에 일상에서 사소한 실수들을 많이 했다는 것에서 착안한 표현이었다고 합니다. 아이의 자존심과 자신감을 손상시키지 않으면서도 올바른 방향으로의 행동 개선을 유도할 수 있는 좋은 방법이 아니었나 생각해 봅니다. 이걸 응용해서 물건을 망가뜨리면 "이 녀석이 조지워싱턴을 닮았나" 하면 될 것입니다. 워싱턴이 어린 시절 벚나무를 망가뜨린 일화를 다들 아시죠? 이렇게 근사하게 치켜세우는 건 아니더라도 최소한 욕설이나 비속어는 절대 금물입니다. 이것은 아이들에게 영원히 지울 수 없는 상처를 남깁니다.

위대하게 될
사람으로 대해주기

뇌과학자들이 인간의 뇌를 연구하면 연구할수록, 또 천체물리학자들이 우주를 연구하면 연구할수록 우주와 뇌가 닮았다는 것을 느낀다고 합니다. 우주는 은하계들이 모여 대우주를 구성하고 뇌는 시냅스라는 뇌세포들이 모여 대뇌를 구성하는데, 은하계와 시냅스의 모양이 마치 쌍둥이처럼 비슷합니다. 또 한 가지 제가 생각하는 인간의 뇌와 우주의 공통점은 '무한함'입니다.

우주의 크기가 가늠할 수 없을 만큼 무한한 것처럼 인간의 뇌도 무한한 잠재력을 지니고 있습니다.

무한한 잠재력을 품은 아이

이 무한한 인간의 뇌는 어린 시절 부모가 얼마나 믿어주고 계발해 주느냐에 따라 빛을 발합니다. 앞서 여러 번 강조했듯이 아이의 인성과 능력의 크기를 결정하는 것에 이타적 자존감이 매우 결정적인 역할을 한다는 것을 알게 되었습니다. 그렇다면 이타적 자존감을 크게 키우는 방법에 대해 곰곰이 생각해 봐야 합니다.

첫 번째 방법은 '생각의 크기를 키우는 것'입니다. 이타적 자존감의 뜻을 보면 스스로를 '이 세상에 도움을 주는 가치 있는 사람'이라고 여긴다는 것이었습니다. 여기서 말하는 '세상'이란 나 이외의 타인을 말하는 것인데, 그것은 부모나 형제자매일 수도 있고, 우리 동네, 학교, 직장, 지역사회, 국가, 나아가 인류 전체일 수도 있습니다. 이 세상의 크기를 얼마나 크게 설정하느냐에 따라 아이의 삶은 달라질 것입니다. 우리는 지금 아이의 인성교육에 대해 고민하고 있으므로 부모 입장에서 아이를 '인류에 도움을 주는 가치 있는 사람'으로 만들겠다고 다짐해 보는 것도 괜찮습니다.

무한한 아이의 뇌는 그릇의 크기가 얼마나 크든지 상관 없이 가득 채울 수 있는 잠재 능력을 가집니다. 거창하기만 하고 뜬구름 잡는 것처럼 허상을 쫓는 일이 아닐까 걱정하실 필요는 없습니다. 모든 것은 상상에서부터 출발하기 때문입니다. 물론 내 아이가 타인에게 피해를 안 주고 바르고 건전하게만 자라줬으면 좋겠다는 소박한 바람 역시 충분히 훌륭합니다. '세상에 도움을 주는 일'은 그 크기와 상관 없이 위대한 일이며 '세상에 해를 안 끼치는 일' 또한 귀한 일 이기 때문이지요.

아이를 성장하게 만드는 부모의 믿음

'믿는 만큼 자란다'라는 말처럼 믿음이 크면 클수록 아이는 더 크 게 성장합니다. 부모님께서는 내 아이가 앞으로 위대한 사람이 될 거라는 기대를 품고 믿음을 주셔야 합니다. 여기에서 말하는 '위대 한 사람'이란 돈, 명예, 권력, 지식 측면에서의 큰 성공은 물론이고, 바른 인성이 뒷받침되는 사람을 의미합니다. 돈과 명예 등을 다 움 켜쥐었더라도 '인성'이 뒷받침되지 않으면 '위대한'이라는 수식어 를 붙이지 않습니다. 성공의 끝은 '인성'입니다.

외국의 어느 학교에서 한 반에 열등생들을 모아놓은 뒤 갓 부임 한 선생님에게 이 반을 맡기고 여기는 우등생만 모아 놓은 반이라고 말해주었습니다. 이 말을 굳게 믿은 선생님은 가르치는 도중에 뭔 가 이상하다는 생각은 들었지만 이 아이들이 똑똑한 아이들일 거라 고 믿고 열심히 가르쳤지요. 아이들의 기말 성적은 어땠을까요? 늘 바닥을 떠돌던 아이들의 성적이 향상되었다고 합니다. 아이들의 자 존감 역시 높아졌고요. 아이의 자존감은 '아이가 생각하는 스스로의 가치'를 말합니다. 가치는 혼자 정할 수도 있지만 남이 인정해 줄 때 진짜 가치가 되어 더 큰 위력을 발휘합니다.

성인들의 경우에도 남이 자신의 가치를 어떻게 인정해 주는가에 따라 마음가짐이나 성과가 많이 좌우되지 않나요? 하물며 아직 어린 아이들은 더욱더 다른 사람들의 평가에 크게 영향을 받습니다. 게다가 자신의 삶에 엄청난 영향을 미치고 있는 부모님의 평가는 거의 절대적이라 할 수 있습니다. 김연아 선수의 어머니도 "아이는 부모가 지켜보는 만큼 달라진다"라고 말씀하신 적이 있습니다. 부모가 믿음을 주면 아이도 그 믿음에 부응하고자 잠재된 능력을 발휘하기 시작합니다. 그렇다고 해서 아이에게 위대한 인물이 될 것을 직접적으로 강요하라는 것은 아닙니다. 그건 오히려 아이에게 큰 부담이 될 수 있습니다. 부모의 마음속에 '내 아이는 장차 위대한 인물이 될 것이다'라는 신념이 자리하는 것만으로도 아이를 대하는 말과 행동에 변화가 생길 것입니다. 부모 자신의 자존감 또한 향상됩니다. 아이를 바르게 키울 수 있는 능력이 커지는 것이지요. 이 신념이 강할수록 더 큰 변화가 생길 가능성이 높아집니다.

옛날에 한 노승이 민가에 시주를 받으러 갔다가 그 집 아이를 보고 "정승이 될 아이군요"라고 말했습니다. 그 말을 굳게 믿은 부부는 아이를 장차 정승이 될 인재로 생각했고, 훗날 아이는 진짜 정승이 되었다고 합니다. 이런 맥락으로 흘러가는 옛날이야기는 흔하디흔한 전설일 수 있지만 우리가 명심해야 할 것은 어떤 아이든 마음

먹기에 따라 한계를 뛰어넘는 힘을 발휘할 수 있다는 것입니다. 핵심은 부모님께서 아이의 능력을 철석같이 믿어줬다는 것입니다. 신념이 강할수록 현실이 될 가능성이 높아지는 것은 자명한 일입니다.

"너는 위대한 사람이 될 거야"

아이에게 긍정적인 목표, 자신의 가치를 높여주는 말을 전달해 주는 것은 아이의 지성의 뇌 발달에 큰 도움을 줍니다. "너는 위대한 사람이 될 거야" 하고 말해 주세요. "엄마는 네가 앞으로 위대한 사람이 될 거라고 생각한단다"라는 믿음의 표현이라든지 "넌 나중에 커서 위대한 사람이 될 거야" 정도로 말해 주는 것도 좋습니다. '위대한 사람' 대신에 부모님들이 품은 가치관과 철학에 따라 다른 말을 넣어주는 것도 괜찮은 방법이지요. '나라를 위해 큰일을 하는 사람이 되라'도 좋고, '다른 사람에게 좋은 사람이 되거라'도 좋습니다. 하지만 이 목표에는 '바른 인성을 가진 사람'이라는 개념은 반드시 포함되어야 합니다. '세상에 도움을 주는 가치 있는 사람'이라는 이타적 자존감이 함축된 표현이 들어가는 것이 중요합니다.

부모님들께서는 아이들에게 흔히 '부자가 되라', '판검사가 되라', '의사가 되라'와 같은 말들을 많이 합니다. 그러나 이런 말들에는 정작 아이 인생의 가치관이자, 모태가 되어야 할 '인성'이 배제되어 있습니다. 이타적 자존감을 키우기보다는 '어떻게든 남들을 제치고 ○○가 되라'라는 식의 이기적 자존감이 내포된 말들을 하고 계십니다. 좋은 사람, 바른 인성을 가진 사람으로 자라기를 바란다고 이야기하면서도 이건 먼저 부자, 판검사, 의사가 된 뒤에 고치면 된다고 생각하는 부모님들도 많습니다. 아이가 정말 남들 보기에 좋은 직업만 가지고 행복할 수 있을까요? 그 목표에 다가가기 위해 남에게 해를 끼쳐도 괜찮은 걸까요?

아시아계 최초 아이비리그 대학 총장(다트머스대학교)을 역임한 세계은행 김용 총재의 어머니는 자신에게 늘 "1등보다 위대한 것에 도전하라"라고 말해주었다고 합니다. 마틴 루서 킹처럼 세상의 불평등을 없애는 일에 기여하겠다는 그의 꿈은 바로 어머니가 늘 강조했던 '위대한 것'에서 비롯되었다고 합니다. 아이가 무엇이 될 것인가는 부모의 강요보다는 아이의 의사가 우선이겠지만 무엇이 되든지 '세상에 해를 끼치지 않고 도움을 주는' 이타적 자존감은 꼭 포함될 필요가 있습니다. 저는 아이들에게 가끔 이렇게 말해줍니다. "너는 세상이 깜짝 놀랄 만큼 큰 일을 할 거다." 여기에서 '큰 일'이라는 표현에는 세상에 도움을 준다는 의미가 내포되어 있습니다.

무조건적인 믿음

내 아이가 장차 위대한 사람이 될 것이라는 부모의 믿음은 아이에게 반드시 전해집니다. 그렇다고 아이를 상전으로 떠 받들라거나 공주나 왕자처럼 과잉보호하라는 이야기는 아닙니다. 평범한 가정에서처럼 아이와 지지고 볶고 하는 것은 똑같습니다. 다만 그런 신념을 가슴에 품고 있는 부모는 아이를 대하는 말, 행동, 분위기 등이 어딘지 모르게 다릅니다. 아이를 바라보는 눈빛에서부터 믿음이 담겨 있으며 그것을 아이도 느낄 수 있어요. 이런 부모의 믿음은 아이의 이타적 자존감을 쑥쑥 자라게 하는 자양분이 됩니다.

어떤 부모들은 사고뭉치인 아이에게서 '위대한 사람'이 될 거란 기대가 조금도 생기지 않는다고 생각하실 수도 있습니다. 하지만 세상 사람들 모두가 고개를 돌려도 부모님만은 아이에게서 희망을 볼 줄 알아야 합니다. 자신을 무조건 믿어주는 부모의 품에서 위대함을 지닌 아이가 자라날 수 있는 겁니다. 황무지에서 장미꽃을 피워내는 것 그것이 진정한 부모입니다.

감정조절력

이타적 자존감은 아이에게 '나는 이 세상에 도움을 주는 가치 있는 사람'이 되겠다는 생각을 강하게 심어주는 직접적인 방법으로도 높일 수 있지만, 지성의 뇌 영역의 통제력을 강화하는 훈련을 통한 간접적인 방법으로도 높일 수 있습니다. 지성의 뇌가 강한 통제력을 갖게 되면 야성의 뇌가 분출하는 감정을 조절할 수 있게 됩니다. 즉 '감정조절력'을 갖게 되는 겁니다. 감정조절력(정서조절능력)은 '분노, 화, 짜증 등과 같은 부정적인 감정이 생겼을 때 있는 그대로 분출하지 않고 남에게 해를 끼치지 않게 관리할 수 있는 능력'을 말합니다. 이 능력이 부족하면 다른 사람들과 원만한 관계를 맺는 것이 힘들고 새로운 것을 학습하는 일에도 어려움을 겪습니다.

인내심 훈련

아빠와 함께 저녁 식사를 하려고 기다리는데 길이 막혀 퇴근이 늦어진다는 연락을 받았습니다. 이미 차려진 식탁 위로 아이 손이 왔다 갔다 합니다. 이때 아이에게 배고픔을 참는 훈련을 시키는 겁니다. 주의할 것은 20분 이상 길어지지 않게 너무 자주 참게 해선 안 됩니다. 약 15분 내외가 적당합니다. 대신 아이를 기다리게 할 때는 그 이유에 대해 충분히 납득할 수 있도록 자세히 설명해 주세요. "아빠가 ○○랑 같이 저녁 먹으려고 열심히 오고 계시는데, 지금 조금 늦으신다고 연락이 왔어. ○○가 아빠를 조금만 기다려줄 수 있을까?" 아이의 상황과 감정을 읽으면서 참는 시간을 적절히 조절해 주는 것이 좋습니다. 약간 힘든 상태를 조금씩 연장해 보는 것도 방법입니다. 하지만 의미 없이 참는 건 하지 않는 것이 좋습니다. 가령 소변 참으라고 하는 건 아무런 의미도 없고 몸만 상하게 됩니다. 가령 건강에도 좋도록 에스컬레이터 대신 계단으로 오르내리기, 밥을 먹을 때 20번 이상 씹고 삼키는 연습 등이 일상생활에서 아이가 쉽게 할 수 있는 인내심 훈련입니다.

빌 게이츠 회장은 어릴 때 수영을 싫어했다고 합니다. 하지만 그의 부모는 아이가 싫어하는 것도 참고 할 줄 알아야 한다는 것과 그걸 잘 견뎌냈을 때의 보람과 기쁨을 가르쳤다고 합니다. 아이가 단순히 싫어하는 건지, 공포를 느끼는 건지는 잘 가늠해 보셔야 합니다만 무작정 싫어한다고 해서 "그래, 하지 마" 하고 바로 중단시키는 건 좋은 방법이 아닐 수도 있습니다. 물론 강압적인 건 더 나쁘겠지요.

계획하기

지인 중에 아이를 매우 훌륭하게 키워낸 분이 계셨습니다. 그 아이는 인성도 남다르게 훌륭하고, 공부도 잘해 명문 대학교에 진학했지요. 이 아이의 부모들에게 가정교육의 비결을 물어보았더니 그분들은 아이들에게 언제나 무엇을 하기 전에 '계획'을 잘 세우라는 말을 해주었다고 합니다. 지성의 뇌를 키우는 매우 훌륭한 인성교육이 아닐 수 없습니다. 왜냐하면 감정과 욕망, 본능을 담당하는 야성의 뇌는 '계획'과는 상극이기 때문입니다. 야성의 뇌는 어제나 오늘이나 내일이나 영원히 현재와 똑같은 날들이 이어질 거라고 생각하는 특성이 있습니다. 그래서 사람을 늘 충동적으로 행동하게끔 합니다. 배고프면 당장 먹어야 하고 화가 나면 불같이 화내야 기분이 풀리는 등 야성의 뇌가 지배하는 사람에게서는 참을성을 전혀 찾아보기 어렵습니다.

하지만 계획성 있는 생활을 하게 되면 지성의 뇌가 활발해집니다. 반대로 야성의 뇌는 힘을 잃고 비실비실해지지요. 지성의 뇌가 강해지고 야성의 뇌가 위축되는 과정이 반복되면서 자연스럽게 인내력이나 충동조절력과 같은 정서조절력이 자라나는 겁니다. 그렇다고 해서 꼭 거창한 계획을 세워보게 하라는 건 아닙니다. 계획은 작은 것에서부터 시작하는 게 좋습니다. 대신 아이가 실행할 수 있는 것들이어야 합니다. 계획을 스스로 세우고 실행하는 과정에서 아이는 자기효능감도 키울 수 있게 될 것입니다.

운동 효과 체험하기

운동이 인성교육에 좋은 건 많이 알려져 있습니다. 여기서는 이타적 자존감을 높이는 훈련과 관련하여 운동의 효과와 원리를 얘기해보려고 합니다.

첫째, 달리기, 축구 등과 같은 스포츠 활동은 아이의 인내심을 길러줍니다. 힘든 걸 참고 자꾸 움직이다 보면 쉬고 싶고 편하게 있고 싶은 야성의 뇌의 유혹을 이겨내는 힘이 자연스럽게 길러집니다. 럭비 같은 경우는 불굴의 투지와 태클을 뚫고나가는 강인한 정신력을 길러줍니다.

둘째, 이 이유는 잘 알려지지 않은 사실이고 저 역시 최근에 깨달은 것인데 운동은 중용을 깨달을 수 있게 도와줍니다. 메시나 마이클 조던 같은 최고의 운동선수들은 매번 힘을 강하게 쏟아내는 것만

이 능사가 아니라는 사실을 잘 알고 있습니다. 자신의 힘을 적절한 타이밍에 절묘하게 쏟아내는 기술, 이것은 야성의 뇌의 본능과 감정과 욕망을 조절하는 지성의 뇌의 능력을 스포츠 활동을 통해 기를 수 있는 것이지요.

셋째, 운동에서 인생의 진리를 배울 수 있다는 사실입니다. 비유하자면 배드민턴이나 배구는 공을 네트 너머로 넘기는 운동인데 이는 '장애물을 넘는 것'과 같습니다. 축구와 농구는 상대편 선수들을 제쳐야 하는데 이것은 '장애물을 헤치고 나가는 것'과 같고요.

이렇게 육체적으로 장애물을 극복하는 경험을 되풀이하게 되면 정신적인 의지력 또한 무의식적으로 성장할 수 있게 됩니다.

친절 베풀기

다른 사람에게 친절을 베풀어보는 것은 다른 훈련에 비해 직접적으로 이타적 자존감을 높일 수 있는 방법입니다. 매월 하루 정도나 아이 생일, 부모 생일이나 결혼기념일 등을 아이와 함께 온 가족이 친절 행동을 하는 날로 정해보는 것도 좋습니다. 조부모님께 안부 연락을 드리는 것도 방법이며, 동네 공원을 산책하면서 부모님과 함께 쓰레기를 주워보는 것도 괜찮습니다.

아주 사소한 것일지라도 이를 의식적으로 실천해 보는 것과 아닌 것은 큰 차이가 있습니다. 이런 경험을 쌓는다는 것이 중요합니다. 단 선행을 너무 거창하게 생각하면 엄두가 안 날 수 있으니 자신이 할 수 있는 한도 내에서 친절을 베풀어 보기와 같은 개념으로 편하게 접근할 수 있게 지도해 주세요. 그러다 보면 점점 더 큰 선행들로 자연스럽게 이어질 수 있을 것입니다.

부모의 행실

제가 어린 시절에 살던 집은 재래식이어서 부엌이 야외에 그대로 노출된 집이었습니다. 이불 속에 누워 있어도 코가 시려울 정도로 아주 추운 겨울의 새벽이면 어머니께서 자식들 추울까 봐 헛기침을 하시며 연탄불을 갈던 모습이 아직도 눈에 선합니다. 물질적으로 풍족하진 않았지만 부모님께서는 늘 열심히 사셨고, 그런 부모님의 모습을 보며 저 역시 열심히 살아야겠다는, 부모님을 실망시켜드리지 않겠다는 다짐을 하곤 했습니다. 아이의 눈에는 부모님의 말과 행동, 감정이 세상입니다. 부모님의 행동을 보고 살아가는 데 필요한 것들을 배우고 익힙니다. 특히 부모의 행동이 아이의 이타적 자존감을 높이는 강력한 효과를 발휘하는 이유는 우리 뇌가 가까이에서 보이는 것들을 모두 자신과 동일시하기 때문입니다. 그렇기에 더욱더 부모님들께서 행동을 조심하고 또 신경 쓰셔야 합니다.

SK그룹의 최신원 회장은 "부모님뿐만 아니라 조부모님 모두 생활 자체에 나눔과 이웃에 대한 배려가 배어 있으셔서 그분들이 살아가는 모습을 보며 자라다 보니 나눔과 기부에 대한 생각이 자연스럽게 스며든 것 같습니다"라고 말한 적이 있습니다. 부모님, 조부모님의 품성이 그대로 아이에게 흘러갑니다.

훈육 시기 놓치지 않기

이타적 자존감을 망가뜨리는 잘못된 양육 유형 중 하나는 아이가 잘못했을 때 바로 훈육하지 않고 그냥 넘어가는 방치형 양육입니다. 이것이 문제가 되는 까닭은 인내심과 절제를 배울 기회를 상실하기 때문입니다.

가령 아이와 함께 마트에 갔는데 원하는 장난감이 품절되어 바로 가질 수 없는 상황이 생겼습니다. 아이가 떼를 쓰며 당장 갖고 싶다고 마트 바닥을 뒹굴며 엉엉 우는 상황에 여러분은 어떻게 대처하시겠습니까? 이때 부모가 쩔쩔매면서 몇 시간씩 다른 대형마트를 돌아다니며 구해주는 것은 올바르지 못한 훈육 방법입니다. 이런 일이 자꾸 반복되면 아이는 절제력을 기르지 못해 나중엔 조금만 화가 나고 짜증이 나도 과도한 분노를 폭발하는 아이가 되어버릴 가능성이 높아집니다.

지성의 뇌의 통제력을 훈련할 기회조차 없으니 지성의 뇌는 통제력을 잃고 반대로 야성의 뇌는 지나치게 강해질 것입니다. 야성의 뇌에서 감정과 욕망이 만들어질 때마다 지성의 뇌를 거치지 않고 마구 분출되겠지요. 감정과 욕망을 그대로 드러내는 유아기의 모습이 평생 동안 지속되는 끔찍한 일이 벌어지는 것입니다.

"네가 원하는 장난감이 다 팔렸대. 엄마가 물어보니 내일모레 또
들어온다고 하는구나. 그때 다시 오자. 어쩔 수 없는 상황이잖니?
참을 줄도 알아야 멋진 사람이 되는 거야."

이렇게 상황을 자세히 아이에게 설명했는데도 아이가 멋대로 감정을 분출했다면 그 행동에 대해 적절한 훈육을 해줘야 지성의 뇌의 통제력이 훈련되고 이타적 자존감이 조금씩 커집니다.

하지만 아이를 잘 훈육하겠다는 마음을 가진 부모라도 때를 놓치는 경우가 많습니다. 중학생 아이가 아침에 별거 아닌 일로 부모에게 심하게 짜증을 부려서 야단 좀 쳐야겠다고 생각했는데, 하필 그날이 중요한 시험을 보는 날이라면 아이에게 스트레스를 줄까 봐 그냥 넘어가기 쉽습니다. 제대로 훈육할 기회가 자꾸 뒤로 미뤄지면서 결국 흐지부지되는 경우도 많습니다. 학교에 다녀온 후에라도 정 안

되면 며칠 후에라도 꼭 그 일에 대해 상기시키고 분노 조절에 대한 훈육을 해줘야 합니다.

"훈육하기에 너무
늦어버린 건 아닐까요?"

높은 생존적 자존감은 높은 이타적 자존감으로 이어질 가능성이 높기 때문에 생존적 자존감을 높이는 일이 곧 이타적 자존감을 높이는 일이라고 여러 번 강조해 왔습니다. 생존적 자존감이 나무의 뿌리요, 건물의 기초라면 이타적 자존감은 나무의 가지며 열매이지요. 그럼 생존적 자존감이 낮으면 어떻게 해야 할까요?

어린 시절 성장 환경에 결핍이 있었거나 부모로부터 존중을 받지 못했던 아이들은 생존적 자존감이 낮은 상태일 가능성이 높습니다. 낮은 생존적 자존감이 오히려 이타적 자존감을 높이는 경우도 있지만 대부분의 경우 이타적 자존감을 낮추고 이기적 자존감을 높입니다.

하지만 다행히도 역전의 기회가 있습니다. 이타적 자

존감을 활용하면 됩니다. 생존적 자존감이 낮더라도 이
타적 자존감을 높일 수 있다면 생존적 자존감도 함께 키
울 기회를 얻을 수 있게 됩니다. 사실 생존적 자존감은
이타적 자존감의 모체이기도 하고, 삶과 생명을 소중하
게 대하도록 만드는 원동력이지만 생존적 자존감이 높
다고 반드시 인생이 화려해지는 것은 아닙니다.

생존적 자존감이 높다는 것은 '나는 이 세상에 살 만
한 가치가 높은 사람'이라는 의미인데, 이것은 한 개인
의 삶과 생명을 충만하게 만들긴 하지만 그것은 개인 수
준에 그칠 뿐입니다. 나무의 뿌리가 아무리 튼튼하고 건
물의 기초가 아무리 탄탄하더라도 겉으로 화려하게 드
러나 보이는 것은 아니니까요. 또 당장 사는 데 필요한
것들을 모두 뿌리에서 얻을 수도 없고, 그 건물의 기초
가 되는 시멘트 바닥 위에서 잘 살 수도 없습니다.

그러나 이타적 자존감이 높으면 '나는 이 지역에, 이
나라에, 인류에 많은 도움을 주는 가치 높은 사람'이 되
어서 내면뿐만 아니라 외면 역시 화려해지고 풍성해집
니다. 건물의 기초 위에 초고층 건물이 지어지는 것이
고 뿌리 위에 풍성한 나뭇가지와 열매들이 열리는 거라
고 생각하시면 됩니다. 그래서 수많은 사람들이 그 위에
서 살 수 있고 풍성한 먹거리를 얻어 갈 수 있습니다. 생

존적 자존감처럼 개인 한 사람의 삶의 수준에서 끝나는 것이 아니라 여러 사람들의 삶을 풍성하게 만들 수 있는 것이 바로 이타적 자존감의 위대함입니다.

또 이타적 자존감이 높아지면 낮았던 생존적 자존감의 수준도 높일 수 있습니다. 비록 뿌리는 약하지만 가지와 열매를 통해 풍성한 양분을 다시 뿌리로 보내주면 약했던 기반이 점차 탄탄해집니다. 이는 우리가 비록 허약하거나 건강하지 못한 과거의 삶을 지냈더라도 화려하고 풍성한 미래로 바꿀 수 있다는 희망을 주는 것이지요. 아이가 비록 지금까지는 부족한 점이 많았을지라도 얼마든지 훌륭한 인재가 될 수 있는 기회가 남아 있다는 의미입니다. 이타적 자존감이 희망입니다.

공부력 · 창의력 · 사회성 높이는 인성교육의 비밀

4장

상황별
실전 인성교육법

문제 행동의 실제 원인

    아이를 키우다 보면 문제를 일으키는 경우가 왕왕 있습니다. 거짓말을 한다든지, 돈을 훔친다든지, 욕을 한다든지 등 이러한 문제 행동들을 일으키는 근본적인 원인을 살펴보면 대부분 '나는 이 세상에 살 가치가 별로 없는 사람'이라고 생각하거나(낮은 생존적 자존감), '나는 남보다 가치가 높은 사람'이라고 생각하기(높은 이기적 자존감) 때문입니다. 야성의 뇌가 강해지고 지성의 뇌가 약해진 것입니다. 이런 문제들은 가정폭력을 겪는 가정이나 결손 가정뿐만 아니라 정상적인 가정에서도 얼마든지 나타날 수 있는 문제입니다. 정상적인 부모라고 해서 완전한 인성의 소유자는 아니기 때문에 삶의 고난을 겪기도 하고 실수도 발생합니다. 흔히 말하듯 '친구를 잘못 사귄' 탓에 문제 행동을 하게 된 아이들도 있을 것입니다. 하지만 무엇보다도 부모들이 원인제공자인 경우가 훨씬 많습니다. 그렇게 되면 부모로 인해 아이들의 자존감은 낮아지게 됩니다.

생존적 자존감을 호수에 비유했었지요? 산에서 내려오는 시냇물이 호수에 유입된다고 생각해 보세요. 호수에 공급되는 물은 부모의 돌봄에 해당합니다. 부모가 아이에게 적절한 양육 환경과 애정을 제공해 주지 못하는 건 아이 마음의 호수에 물이 제대로 유입되지 못하게 막는다는 것을 의미합니다. 유입되는 물이 줄어들면 호수의 물은 급격히 줄어듭니다. 아이의 마음에 바닥이 보이고, 더 심하면 거북등처럼 갈라지기 시작할 겁니다. 아이에게 문제가 생기는 것이지요. 따라서 생존적 자존감이 낮아집니다. '나는 세상을 살 만한 가치가 없는 사람'이라고 생각하게 되어 자신의 삶과 생명을 소중하게 여기지 않고 함부로 행동하게 됩니다. 호수의 물이 부족해지니까 남의 호수의 물을 자신의 호수로 빼앗아 오기도 합니다. 이는 친구의 물건을 훔치거나 거짓말을 해 타인에게 해를 끼치는 행동을 하는 것을 의미합니다. 또는 자신의 호수를 방치하거나 아무렇게나 관리합니다. 지나친 음주나 흡연, 극단적 선택 등 남에게 직접적인 해를 끼치지는 않지만 자신의 인생에 해를 끼치는 행동을 하게 됩니다.

부모들이 아이들의 문제 행동을 유발하는 또 한 가지 경로는 아이들의 이기적 자존감을 높이는 경우입니다. 아이가 이기적 행동을 보일 때 제때 훈육하지 않으면 지성의 뇌의 통제력을 상실한 매우 이기적인 아이로 자랄 확률이 높습니다. 한마디로 버릇없는 아이가 되는 겁니다. 아이 마음의 호수는 물이 부족해도 안 되지만 너무 많아도 안 됩니다. 부모가 아이의 호수에 너무 많은 물을 공급해 주면 홍수가 일어나게 되고, 남의 땅에 피해를 주게 될 거예요. 교만해져서 타인을 존중하지 않고 해를 끼치게 된다는 말입니다.

훈육의 단계

아이들의 문제 행동을 교정하기 위해서는 첫째로 호숫물의 양을 조절해 줘야 합니다. 아이들의 문제 행동의 시발점인 부모들의 문제부터 해결해야 합니다. 부모가 너무 적은 물을 줬다면 더 많은 물을 줘야 하고, 너무 많은 물을 줬다면 물의 양을 조절해 줘야겠지요. 즉 돌봄이 부족했다면 더 많이 돌봐줘야 하고, 너무 '오냐오냐' 키웠다면 '아냐아냐'도 해줘야 합니다. 그래서 아이의 생존적 자존감을 높여주거나 이기적 자존감을 낮춰주는 것입니다. 상처를 치유하기 전에 더 이상 상처가 생기지 않도록 방지해 줘야 한다는 말입니다.

둘째는 이미 생긴 마음의 상처나 병을 고쳐주는 문제입니다. 첫 번째가 아이가 문제 행동을 할 수밖에 없었던 원인을 제거하는 것이라면 두 번째는 아이가 문제 행동을 중단할 수 있도록 특별 조치를 취해줘야 합니다. 이 두 번째는 생존적 자존감을 단기간에 쑥 높여주거나 이기적 자존감을 확 낮춰주는 처방이기도 합니다. 이때 아이의 이타적 자존감을 높이는 처방이 중요한 역할을 하는 경우가 많습니다.

이타적 자존감의 중요성

이타적 자존감은 전체 자존감 중 가장 큰 비중을 차지합니다. 생존적 자존감이 다른 자존감들을 낳은 '어머니 자존감Maternal self-esteem'이라고 한다면 이타적 자존감은 '왕 자존감Royal self-esteem'입니다. 한 나라의 운명을 결정하는 것은 국정 운전대를 잡은 그 나라의 지도자입니다. 위대한 지도자가 위대한 나라를 만들듯 한 나라의 국가 수준은 지도자의 수준에 따라 결정됩니다. 따라서 이타적 자존감을 높여주면 전체 자존감의 수준이 한 차원 높아지는 것이기 때문에 아이의 문제 행동을 일으킨 핵심 요인인 '낮은 자존감' 문제가 근본적으로 해결됩니다. 생존적 자존감이 낮다고 해서 다 문제가 되는 것은 아니고, 이타적 자존감까지 함께 낮을 때 문제가 됩니다. 전체 자존감의 수준이 낮아지기 때문이지요. 흔히들 자존감이 낮으면 안 좋다고 하지요? 그때의 자존감 크기란 '전체 자존감 크기'를 말하는 것입니다.

어떤 경우엔 아이의 낮은 생존적 자존감을 유발한 문제가 근본적으로 개선되기 어려운 경우도 있습니다. 그때 생존적 자존감을 직접적으로 높이는 것보다 차라리 이타적 자존감을 높이는 편이 나을 수도 있습니다. 이타적 자존감이 높아지면 생존적 자존감도 함께 높아지는 경우가 많으니까요. '나는 이 세상에 도움을 주는 가치 있는 사람(이타적 자존감)'이 된다면 당연히 '세상을 살 만한 가치와 자격(생존적 자존감)'이 생기겠지요? 생존적 자존감은 한 개인의 수준(한 명의 삶)에서 존재 가치를 만들지만 이타적 자존감은 효용 가치를 창출하는 영역이 개인 수준을 넘어서 그가 도움을 주는 다른 사람, 조직, 지역사회, 국가, 인류의 수준까지 확장됩니다.

그런데 이타적 자존감이 높음에도 불구하고 생존적 자존감이 높아지지 않는 경우도 존재합니다. 가령 어려운 집안 환경에서 자라 크게 성공한 사람들 중에 자신의 과거가 콤플렉스로 남아 있는 경우가 있습니다. 하지만 이타적 자존감이 높으면 전체 자존감은 반드시 높아지게 되어 있습니다. 열악한 성장 기억이 평생 상처로 남을 수는 있겠지만 그 상처가 전체 삶의 질을 떨어뜨리긴 어렵습니다. 어린 시절 다친 곳이 흉터로 남았다고 해서 평생 건강이 나빠지는 건 아닌 것과 마찬가지입니다.

생존적 자존감이 호수라면 이타적 자존감은 댐입니다. 거대한 댐을 타인들과 힘을 합쳐서 건설하면 이제 자신의 호수에 연연해하지 않게 됩니다. 자신과 타인, 즉 모든 사람들이 물 걱정 없이 살 수 있는 환경이 만들어지게 될 것입니다. 역사상 위대한 인물들 중에는 열악한 성장 환경을 딛고 인류에 공헌한 사람들이 적지 않지요? 보잘것없는 자신의 호수를 넘어 거대한 다목적 댐을 건설한 분들입니다.

이타적 자존감을 높이는 것과 지성의 뇌를 강하게 만드는 건 결국 같은 것이라는 사실, 이제 다들 익숙해지셨으리라 생각합니다. 그렇다면 아이의 이타적 자존감을 높이는 처방이 문제 행동을 교정하는 효과적인 훈육 수단이 되는 원리를 호르몬과 신경전달물질로 설명해 보겠습니다.

생존적 자존감과 이기적 자존감은 야성의 뇌에서 발현되는 것이고, 이타적 자존감은 지성의 뇌에서 발현되는 것이라고 했지요? 생존적 자존감이 낮아지거나 이기적 자존감이 강해지면 야성의 뇌에 문제가 생겨서 문제 행동이 발생하게 됩니다. 코르티솔과 같은 스트레스 호르몬 등이 분비되어 야성의 뇌의 공격성을 촉발시키기도 하고, 도파민 같은 쾌감 신경전달물질이 분비되어 중독을 유발하기도 합니다.

이 야성의 뇌를 통제하고 조절하는 것이 지성의 뇌입니다. 이타적 자존감이 높아지면 지성의 뇌에서 세로토닌 같은 행복 신경전달물질이 분비되어 스트레스 호르몬과 쾌감 신경전달물질의 독성을 완화시킵니다. 불안한 야성의 뇌가 진정되어 정서가 안정되고 평정심을 되찾게 되는 것이지요.

아이의 문제 행동은 가지각색이고 그에 대한 훈육 솔루션도 각기

다르겠지만 결국 본질은 생존적 자존감의 회복과 이기적 자존감의 완화 그리고 이타적 자존감의 향상이라고 볼 수 있습니다. 이제 가정 내에서 발생하는 아이의 문제 행동들을 살펴보고 이들을 어떻게 훈육하면 좋을지 알아보겠습니다.

쉽게 중독에 빠지는 아이, 어떻게 할까요?

IT 강국에서 태어난 우리 아이들은 세계 어느 나라 아이들보다 빠르게 디지털기기를 접합니다. 컴퓨터와 스마트폰으로 공부하고 정보를 얻는 시대라지만 그만큼 중독의 위험도 한층 커졌습니다.

소셜 미디어, 온라인 게임, 유튜브 등에 빠져 있는 아이를 보면 그저 불안해집니다. 그래서 그만하라는 잔소리를 쏟아내고 컴퓨터나 게임기 코드를 뽑아버리거나 스마트폰을 압수하는 등 극단적인 방법을 사용하기도 합니다. 디지털기기와 관련된 중독은 모두 세심한 관리가 필요하지만, 그중에서도 게임에 빠진 아이들은 특히 부모의 속을 썩입니다. 세계보건기구WHO는 2019년 5월에 국제질병표준분류기준ICD을 개정했고, 2022년부터 게임 중독을 공식 질병으로 분류하기로 했습니다. 즉 게임 중독을 치료가 필요한 중독으로 분류한 것입니다.

학교에 다녀와 새벽까지 게임에 빠져 있다가 밥도 먹는 둥 마는 둥 하고 등교하는 아이를 둔 가정을 이미 심심치 않게 볼 수 있습니다. 이런 중독 상태에 빠진 아이들은 야단을 치고 달래도 통하지 않습니다.

훈육 솔루션 ①

중독의 대가를 깨닫게 한다.

경증 중독 단계

KT&G의 황인선 부장의 초등학생 아들 역시 게임에 푹 빠져 있었다고 합니다. 아빠는 초등학생 아들이 계속 게임에만 빠져있는 것을 보고 심각성을 느꼈습니다. 이 문제를 어떻게 고쳐줘야 할지를 고민하던 그는 스토리텔링을 활용해 보기로 했습니다. 아들을 앞에 앉혀놓고 말했지요. "아빠가 오늘은 게임 이야기를 좀 하려고 해. 떡장수 할머니와 호랑이 이야기 잘 알고 있지?" 아들이 "네. 알아요" 하고 대답하자 아빠는 계속 말을 이어갑니다. "떡 장수 할머니에게 호랑이가 계속 나타나 '떡 하나 주면 안 잡아먹지' 하면서 계속 떡을 빼앗아 먹다가 결국 할머니까지 잡아먹었잖아. 그게 게임

이랑 똑같아. 게임이 호랑이란 말이야. 게임을 하게 되면 게임이 호랑이처럼 '네 시력 내놔' 하고 네 눈을 망가뜨리고 말 거야. '공부 내놔' 해서 공부 못 하게 하고 결국 '네 목숨 내놔' 해서 너도 잡아먹고 말 거야. 할머니 잡아먹은 것처럼" 그러자 짐짓 심각한 표정을 지으면서 아빠의 이야기를 듣던 아이는 점점 게임을 멀리하게 되었다고 합니다.

지성의 뇌 통제력 회복

야성의 뇌가 충동적인 행동을 유도하는 이유는 행동에 대한 결과나 그에 따른 대가를 미처 생각하지 못하기 때문입니다. 자신의 행동에는 결과가 따른다는 것을 알아차리는 것은 지성의 뇌가 통제하는 영역입니다. 게임이든 스마트폰이든 무언가에 중독이 되면 지성의 뇌 기능이 차단되고, 야성의 뇌가 쾌감을 추구하게 되는 상태로 전환됩니다. 지성의 뇌가 역할을 상실하게 되는 것입니다. 범죄를 저지르는 사람들이 처벌받을 것을 알면서도 그 행동을 하는 이유 역시 이 지성의 뇌가 거의 작동을 하지 않기 때문입니다. 그래서 자신들의 행동이 법적 처벌을 받을 수도 있다는 생각을 심각하게 인지하지 못하는 것입니다. 나쁜 일이라는 것은 어렴풋이 느끼고 있지만 멈추거나 도움을 청하는 일을 시도하지 못하고 계속 이어갑니다.

초등학생 평균보다 이타적 자존감이 상대적으로 낮은 아이들의 경우 '나는 게임에 중독되어 나를 포함해 엄마 아빠(세상)에게 해를 끼쳐선 안 되는 가치 높은 사람'이라는 의식이 작기 때문에 자신도 모르는 사이에 무의식적으로 게임 중독에 빠지기 쉽습니다.

앞서 황인선 부장은 자신의 아들이 이와 같은 무의식 상태의 중독에 빠진 상태이기 때문에 게임이 초래할 결과를 예상하거나 판단하지 못하리라고 생각했습니다. 그래서 초등학생이 쉽게 이해할 수 있도록 그 수준에 맞는 스토리텔링을 통해 게임의 나쁜 결과를 선명하게 깨닫게 해준 것입니다. 그러자 아들의 야성의 뇌가 공포심을 품게 되었고 이로 인해 게임에 대해 부정적 태도를 갖게 만들었습니다.

야성의 뇌가 위축되면 상대적으로 지성의 뇌가 강해집니다. 그 결과 야성의 뇌로부터 지배당하던 지성의 뇌의 통제력이 되살아나 아이가 중독에서 벗어날 수 있도록 활동을 시작할 것입니다. 스토리텔링은 야성의 뇌에 실제인 느낌을 들게 해서 공포감을 증폭시키는 효과가 있으나 꼭 스토리텔링이 아니더라도 게임의 폐해에 대해 정확히 알려주는 개념이 솔루션의 하나가 될 수 있습니다.

훈육 솔루션 ②

소중한 존재임을 일깨워준다.

중증 중독 단계

한 중학생 아이의 사연입니다. 그 아이는 정말 심각한 게임 중독 상태에 빠져 있었습니다. 게임에만 몰두한 탓에 공부도 학원도 심지어 학교도 뒷전이었지요. 당연히 친구 관계도 원만하지 못했습니다. 부모는 이 문제를 그렇게 심각하게 여기지 않다가 아이의 성적이 뚝 떨어지고 성격과 태도가 점점 삐딱하게 변해가는 모습을 보고는 아이를 타이르기 시작했습니다. 처음에는 부드러운 말로 타이르다가 아이가 전혀 변하지 않으니 나중에는 화를 내셨다고 합니다. 있는 그대로의 감정을 아이에게 전부 다 쏟아내기 시작하셨지요. "하루 종일 게임만 하는데, 그렇게 살아서 뭐 해?" 이와 같은 해서는 안 될 거친 말까지 서슴지 않았습니다. 상황이 이렇다 보니 문제는 더 심각해졌습니다. 부모와 아이의 관계는 망가질 대로 망가졌습니다.

해결 방도를 찾지 못하고 결국 상담을 받게 되었는데, 상담을 통해 밝혀진 사실은 이렇습니다. 이 아이에게는 네 살 어린 동생이 있었는데 부모님께서 어린 동생에게만 애정을 쏟았던 겁니다. 상대적으로 네 살이 많은 형은 이미 다 컸다고 생각되어 방치된 때가 많았다고 합니다. 결국 아이는 '나는 이 세상에 살 만한 가치가 없는 사람인가 보다' 하고 생각하게 되었고, 생존적 자존감이 바닥으로 떨어져 버렸습니다. 그 결과 자신의 삶을 게임에 던져버렸던 것입니다.

생존적 자존감의 회복

이런 사례처럼 생존적 자존감의 하락이 게임 중독의 원인이 되는 경우가 많습니다. 가령 부부싸움이 빈번하면 아이는 큰 충격을 받습니다. 그래서 '나는 이 세상에 태어날 가치가 없는 사람이구나' 하고 자신의 삶을 보람 있게 발전시킬 생각을 하지 못합니다. 현실을 도피하는 데 좋은 도구인 게임에 스스로를 내던지게 됩니다.

한국 청소년상담원 게임 중독 치료 사례 중에는 이런 것도 있었습니다. 자신의 가치를 형편없이 낮게 평가한 아이가 있었는데, 게임 중독 치료 프로그램을 시행한 후 아이의 친척들 다수를 캠프로 불렀습니다. 친척들은 아이에게 "넌 우리에게 참 소중한 아이야"라고 다정하게 말을 한 뒤에 한 사람씩 아이를 꼭 안아줬습니다. 그 결과 아이는 점차 '나도 이 세상에서 사랑받으며 살 만한 가치가 있는 사람이구나'라고 느끼며 게임 중독에서 벗어나는 데 도움이 되었다고 합니다.

이렇게 부모의 잘못된 양육으로 게임 중독에 빠진 아이는 강압적인 훈육으로는 근본적인 문제를 해결할 수 없습니다. 반복적으로 끈기 있게 아이를 향한 부모의 사랑을 확인시켜 주고 자신의 가치를 회복시켜 줌으로써 '나도 이 세상에 살아갈 만한 가치가 있는 존재구나. 그렇다면 내 몸과 삶을 함부로 하지 말아야지' 하고 인식할 수 있도록 아이의 생존적 자존감을 다시 높여주는 것이 효과적일 수 있습니다.

이기적이고 자기중심적인 아이, 어떻게 해야 할까요?

집 앞 놀이터에 산책을 나갔을 때 본 광경입니다. 초등학교 고학년 정도 되는 여자아이가 자전거를 타고 있었고, 그 뒤를 그보다 어린 여자아이가 쫓아가고 있었습니다. '자매가 정겹게 놀고 있네' 하고 생각했습니다. 그런데 어린 여자아이가 언니를 따라잡더니 자전거를 붙잡고 뭐라고 하더군요. 그러자 큰 아이가 하는 수 없다는 듯 자전거에서 내려왔습니다. 동생이 자전거를 타고 가는 걸 보고 있던 여자아이가 남자 어른이 앉아 있는 벤치로 와서 말했습니다. "작은 아빠, ○○이가 왜 나 자전거 못 타게 해요? 겨우 5분 탔는데 자기가 타야 한다고 빨리 내리래요." 조카의 불만에 남자는 머쓱해하더니 이렇게 말해주었습니다. "○○이가 외동딸이잖아. 자기 물건을 다른 사람과 나눠 쓰는 게 아직 익숙하지 않아서 그래."

이 아버님은 딸의 이기심을 키우고 있습니다. 언니의 자전거를 뺏은 딸을 불러 "자전거가 네 것이지만 언니도 타라고 양보할 줄도 알아야 해" 라고 가르쳤어야 합니다. 그래야 아이의 지성의 뇌가 올바르게 작동해 통제력을 키울 수 있게 되고, 이기심을 제어할 수 있었을 테니까요. 외동일 경우 특히 상대방을 배려하고 이해하는 마음이 부족할 수 있는데, 이를 방치하면 이기적인 성향의 사람으로 성장할 위험성이 높아집니다.

특히 이 사례에서 아빠는 아이의 이기적이고 자기중심적인 모습을 연령에 따라 다르게 훈육해야 한다는 점을 놓치고 있습니다. 이기심은 인간의 본성이기에 아이가 성장하는 과정에서 이기적인 모습을 보이는 것은 자연스러운 일이긴 합니다. 하지만 아이 연령에 따라 훈육의 방법은 달라져야 합니다. 그 연령대는 크게 5세 이전과 이후로 나눌 수 있습니다.

5세 이전의 훈육

놀이터에서 그네를 타다가 이제 기다리고 있는 다른 친구에게 양보하자고 하면 아이들은 떼를 쓰며 웁니다. 유치원에서 친구와 장난감을 함께 갖고 놀지 못하고 쟁탈전을 벌이거나, 놀이를 할 때는 순서를 지키는 것을 어려워하지요.

　이러한 자기중심적인 사고는 유아기의 특성이자 정상적인 모습 중 하나입니다. 모든 일을 자기중심적으로 생각하며 다른 사람의 입장을 고려하는 능력이 아직 발달하지 못한 탓입니다. 타인의 입장을 헤아리고 감정을 이해하는 조망수용능력이 생기는 5세 이후부터는 자기중심적 사고가 차츰 사라지고 이타심의 개념이 들어서기 시작합니다. 그러므로 5세 이전의 아이를 훈육할 때는 이 연령대의 특성을 파악하고 부드럽게 접근해야 합니다.

5세 이후의 훈육

　유아기를 지난 아이들 중에는 여전히 자기중심적이고 이기적인 행동을 멈추지 못하는 아이들이 있습니다. 이는 부모의 잘못된 교육 방식에 원인이 있습니다. 아이들의 경우 이기심의 원천인 야성의 뇌가 이타심의 원천인 지성의 뇌보다 먼저 발달합니다. 그래서 자신의 욕구를 강하게 드러내는 것입니다. 이런 강한 자기중심적 욕구는 가정 내에선 귀여운 투정 정도로 받아들여질지도 모릅니다. 어릴 때는 자신이 세상의 중심이 되어 사고하고 행동하는 것이 당연합니다. 하지만 아이가 자라서 사회의 일원으로 살아가려면 사회화를 시작해야 합니다. 타인의 입장 헤아리기, 감정에 공감하기, 양보하기, 인내심 등에 대한 교육이 필요한 이유이지요. 그리고 이 교육은 가정에서부터 시작되는 것이 가장 바람직합니다.

아이들이 이러한 능력을 갖추는 데 방해가 되는 것은 아이의 이기적인 행동을 그냥 받아주는 부모의 태도입니다. 아직 자아가 형성되지 않았기에 부모가 자신의 이기심을 모두 받아주면 아이들은 그것을 당연하게 여깁니다. 이렇게 아이의 지나친 요구와 욕심을 보고도 부모가 방치할 경우 아이의 야성의 뇌가 가열차게 활동을 개시합니다. 지성의 뇌는 통제력을 발휘하지 못하고 시들시들해져 버리지요. 아이는 자신의 이기심은 당연한 것이며, 모두가 받아주어야 하는 것이라고 착각하게 됩니다. 지성의 뇌가 발휘해야 할 통제력이 무력해지는 것입니다.

그래서 반 아이들이 함께 해야만 하는 청소를 하기 싫다는 이유로 피하고, 아무렇지도 않게 친구에게 상처 주는 말이나 행동을 합니다. 아무도 통제하지 못하는, 심지어 자기 자신도 통제하지 못하는 인간으로 성장하게 되는 것이지요. 지성의 뇌가 야성의 뇌의 이기심을 통제하지 못하면, 즉 부모가 제대로 훈육해 이끌어주지 못하면 아이는 하고 싶은 대로 행동하게 된다는 사실을 반드시 명심하셔야 합니다.

훈육 솔루션 ①

이기심이 지나친 상태라는 사실을 깨닫게 한다.

부모의 방치형 양육이 아이의 이기적 자존감만 높이고, 이타적 자존감은 약화시켰으므로 이제부턴 아이가 지나친 자기중심적 행동을 보일 때마다 절제를 가르치는 양육 방식으로 전환할 필요가 있습니다. 하지만 이미 지성의 뇌의 통제력이 약해진 상태이므로 단순히 양육 방식의 변경만으로는 해결이 충분치 않을 수 있습니다. 이타적 자존감을 높이는 훈육이 필요한 시점입니다. 우선적으로 아이 스스로가 지나친 이기적 상태에 있음을 깨닫게 해줄 필요가 있습니다.

유튜브 채널 '조작가의 스몰빅클래스'에 소개된 사례를 함께 살펴보겠습니다. 지나치게 자기중심적인 행동을 보였던 초등학교 6학년 남자아이가 있었습니다. 이 친구는 이기적 행동으로 인해 친구가 없었지요. 아침마다 아이가 학교를 가기 싫어하는 모습을 보고 문제를 눈치 챈 엄마가 아이에게 물었습니다. "학교에서 무슨 일이 있었니?" 아이는 "친구들이 나랑 놀기 싫어해요. 그래서 학교에 가고 싶지 않아요" 하고 자초지종을 솔직하게 털어놓았지요. 그러자 엄마는 "엄마도 어릴 때 너랑 비슷한 경험이 있었어. 한 친구가 엄마를 미워해서 너무 괴롭고 슬펐단다. ○○이 마음도 많이 슬프고 괴로웠겠다" 하고 아이의 마음을 먼저 공감해 주었습니다. 엄마가 자신의 마음을 알아주자 아이의 눈에서 눈물이 터져 나왔습니다.

아이의 감정이 진정된 후에 엄마는 다시 부드럽게 물었습니다. "그런데 친구들이 너한테 네가 친구들에게 한 행동을 그대로 했다면 어떨 것 같니?" 그제야 아이는 친구들의 마음을 들여다보기 시작했습니다. 자기 위주로 행동했던 일들, 단지 재밌자고 친구들을 놀리고 괴롭혔던 자신의 행동이 잘못된 일임을 깨달은 것이지요. 엄마와 아이는 그동안 놀렸던 친구들에게 진심으로 사과하고 앞으로 조금씩 이타적인 행동을 해보기로 약속했습니다. 이후 아이는 친구들이 싫어하는 화장실 청소 같은 것을 도맡아 하는 등 모든 면에서 솔선수범하는 모습을 보였고 친구들과의 관계도 개선되었다고 합니다.

이렇듯 부모와 아이가 문제점을 솔직히 공유하고 함께 문제를 해결하려는 의지를 갖는 관계가 형성되어 있다면 해결은 시간문제입니다. 하지만 많은 가정에서 부모와 아이 사이에 소통이 원활하게 이루어지고 있지 못합니다. 아이는 부모에게 자신의 문제를 털어놓지 못하고, 그로 인해 부모는 아이에게 어떤 문제가 발생하고 있는지 알 길이 없습니다. 1차 원인은 부모에게 있다고 봐야 합니다. 아이에게 관심이 적거나 아이에게 다가가는 방법이 잘못되었거나 평소 아이와 대화보다는 데면데면한 관계를 유지하고 있는지 스스로를 돌이켜보시길 바랍니다. 이를 해결하지 못한다면 아이는 혼자 끙끙 앓게 되는 것입니다.

도움 주는 기쁨을 키워준다.

양육을 잘하는 집에선 아이들에게 집안일을 분담시키는 경우가 있습니다. 큰아이는 빨래 개기, 작은아이는 화분에 물 주기와 같은 사소하지만 누군가는 맡아서 꼭 해야 하는 일을 아이들에게 나눠 주는 겁니다. 아이들이 직접 자신이 할 수 있는 일을 정해보는 것도 좋습니다. 그리고 이러한 행동은 다른 가족들이 좀 더 편안하게 지낼 수 있도록 도움을 준다는 사실을 아이들에게 수시로 일깨워줍니다.

이를 통해 아이들은 생존적 자존감에 해당되는 자신감(자기효능감)과 이타적 자존감을 자연스럽게 성장시킬 수 있습니다. 어린아이를 데리고 마트에 가면 자기 몸보다 큰 물건을 자신이 들겠다며 떼를 씁니다. 못 이기는 척 손에 물건을 쥐여주면 바닥에 질질 끌고 신이 나서 걸어갑니다. 이 행동은 아이로 하여금 자신이 도움만 받는 존재가 아니라 남들에게 도움이 되는 가치를 가진 존재라는 사실을 확인하고 싶어 하는 생존적 자존감으로부터 발생한 것입니다. 그러한 경험이 쌓여 훗날 이타적 자존감으로 발전하는 것이고요.

하지만 자기중심적인 아이에게선 이와 같은 행동이 나타나지 않습니다. 조부모님, 부모님까지 삼대가 같이 살던 과거에는 할머니, 할아버지께서 무거운 물건을 들고 오시면 부모님이 달려 나가 물건을 받아 들었습니다. 별거 아닌 것 같지만 이 모습을 보고 자란 아이들은 성장하면서 자연스럽게 어른이 들고 있는 물건을 받아 주거나 함께 드는 것이 당연하다고 생각하게 되었지요. 하지만 요즘은 그런 걸 보고 배울 기회가 거의 없습니다. 그래서 부모가 무거운 물건을 들고 가는데 다 큰 아이가 빈손으로 멍하니 따라가는 장면도 심심찮게 목격됩니다. 따라서 자기중심적인 아이에게는 집안일을 한두 가지 맡기거나 물건을 들고 갈 때 부모 대신 들고 갈 수 있도록 유도하는 것이 이타적 자존감을 키우는 훈련 중 하나가 될 수 있습니다.

이때 두 가지를 유의하면 좋습니다. 첫 번째는 '자발성'입니다. 집안일을 맡길 경우 아이가 할 수 있을 만한 정도의 여러 일을 제시한 뒤에 직접 선택할 수 있게 하는 것입니다. 자발적인 선택은 자율성을 함양시킵니다. 물건을 들고 가게 할 때도 "○○아, 이거 들어." 하고 명령하는 것은 아이의 자율성을 키우는데 도움이 되지 않습니다. 지성의 뇌의 주조Main trend는 자발성이고 이는 수동성과는 상극입니다. 가능하다면 우선 아이를 앉혀놓고 지나친 이기적 성향의 문제점에 대해 알려주고 개선 방법에 대해 함께 상의하셔야 합니다. 그런 다음 아이 스스로 자신의 행동을 바꿀 수 있도록 기다려주셔야 합니다. 그럼에도 불구하고 행동 개선이 쉽지 않다면 다음 단계로 부모님께서 유도해 주시는 것이 좋습니다. "장바구니가 조금 무거운데 ○○가 우유만 들어줄 수 있을까?" 하고 말이지요.

그렇지만 최대한 아이 스스로 깨닫고 행동할 수 있도록 기다려주는 것이 필요합니다. 통제와 명령으로 자율성을 해칠수록 지성의 뇌의 성장은 더디게 될 겁니다. 이타적 자존감이라는 것이 남을 자발적으로 도울 때 진정한 가치가 있는 것이지, 남이 시켜서 어쩔 수 없이 돕는 건 이타적 자존감의 본질을 손상시킬 수 있기 때문입니다. 하지만 어떤 경우에도 아이에게 "왜 못 알아듣는 거야?" 하고 화를 내선 안 됩니다. 타인을 돕는 일 자체에 대해 아이가 부정적 인식을 갖게 될 위험이 있습니다.

두 번째는 아이가 돕는 행동을 했을 때 아낌없이 칭찬하는 것입니다. 이타적 행동에 대한 칭찬은 이타적 자존감의 성장을 증폭시키는 효과가 있습니다. "우와! ○○가 신발장 정리한 거야? 덕분에 우리 집이 너무나 깔끔해졌어. 힘들었을 텐데 고마워." 아이가 자발적으로 이타적인 행동을 할 때마다 빠르게 알아차리고 진심 어린 칭찬을 해주는 것이 중요합니다. 중요한 것은 이타적 자존감을 높이는 칭찬 몇 번으로 아이가 180도 변하지 않는다는 걸 염두에 두어야 한다는 것입니다. 과도한 이기심의 열기를 누그러뜨리고 이타심을 갖춘 훌륭한 사람으로 성장하기 위한 닻을 올린 것만으로도 대견한 일이니 이 배가 무사히 나아갈 수 있도록 꾸준히 격려해 주시길 바랍니다.

훈육 솔루션 ③

친절 베풀기 체험을 한다.

집안일이나 부모의 일을 돕는 행동도 아이 입장에선 이타적 자존
감 훈련이 될 수 있지만 사실 같은 식구들끼리는 이해관계가 같기
때문에 완전한 이타적 행동으로 보기는 어렵습니다. 우리가 필요로
하는 진정한 이타적 자존감은 가족 이외의 다른 사람에게 친절을 베
풀 때 효과가 더 큽니다. 앞에서 언급한 바 있듯이 매월 하루를 가족
모두가 친절을 베푸는 날로 정해서 그날 하루만큼은 가족 이외의 사
람들에게 조그만 친절을 베푸는 행동을 해보는 것도 좋습니다.

소년원 아이들은 재소 기간 동안에 다양한 교정 교육들을 받습니
다. 건전한 사회 구성원으로 살 수 있도록 정신교육, 검정고시나 학
교 복학을 위한 교과교육을 비롯해 자동차 정비, 헤어디자인 등 직
업능력을 개발할 수 있는 다양한 교육들을 받는 것이지요. 그중 재
범 가능성을 낮춰주고 가장 교정 효과가 좋은 교육은 무엇일까요?
바로 제과제빵이라고 합니다. 자신이 열심히 노력한 결과물이 빵이
라는 매력적인 성과물로 명확하게 나타나는 데다가 빵을 타인에게
나눠 주고 그들이 맛있게 먹는 모습에서 보람과 가치를 크게 느낄
수 있기 때문입니다. 그동안 자신이 세상에 도움이 되지 않는 인간
인 줄만 알았는데 이렇게 다른 사람을 즐겁게 할 수도 있다는 사실
에 성취감과 더불어 생존적 자존감, 이타적 자존감이 크게 높아집니

다. 자신에 대한 높은 가치를 체험하면서 잘못된 행동을 했던 과거의 나로 돌아가고 싶은 마음도 줄어듭니다. '나는 세상에 도움을 주는 가치 있는 사람인데 어떻게 다시 범죄를 저지를 수 있겠어?' 하고 말이지요.

당장 아이의 인성교육을 위해 제과제빵을 가르쳐도 좋고 집에서 아이가 간단한 요리를 해서 식구들에게 대접해도 좋습니다. 어떤 방식이든 이타적 자존감을 직접 체험하게 하는 것이 중요합니다. 자기 중심적이고 이기적인 아이들에게는 내가 세상과 다른 사람에게 도움이 되는 존재임을 체험할 수 있는 기회를 만들어주는 것이 효과가 있습니다.

아이의 지나치게 이기적인 성향은 부모에게서 무심코 배운 경우도 많습니다. 어떤 부모는 가족 여행을 가서 숙박한 펜션이나 호텔에서 퇴실할 때 깨끗이 치워주고 나온다고 합니다. 부모의 이런 세심하고 이타적인 행동은 무언의 교육효과가 있습니다. 부모부터 아이에게 이타적인 행동을 보여주는 것이 가장 우선시되어야 할 것입니다.

거짓말하는 아이,
어떻게 해야 할까요?

우리는 종종 선의의 거짓말을 포함해 여러 거짓말을 하며 살고 있습니다. 아이들 역시 자라면서 거짓말을 시작하는데, 이것은 발달 과정상 자연스러운 현상입니다. 이때 부모는 아이의 거짓말에 어떻게 현명하게 대처할까 고민합니다. '나도 어릴 때 그랬지' 하는 생각으로 사소한 거짓말은 내버려 두는 부모님이 있는 반면 아무리 작은 것일지라도 호되게 야단치는 부모님도 계십니다. 야단치는 부모님들은 '한 살이라도 어릴 때 거짓말하는 버릇을 바로잡지 않으면 습관으로 굳을 수 있다' 하고 염려하기 때문이지요.

미국의 한 연구에 의하면 약 98%의 아이들이 부모에게 거짓말을 한다고 합니다. 거짓말을 안 하는 아이는 거의 없다고 봐야 할 거예요. 그렇기에 아이의 거짓말은 부모가 풀어야 할 어려운 숙제 중 하나입니다. 대체 아이들은 왜 거짓말을 하는 걸까요? 가장 큰 이유는 다음 세 가지로 분류해 볼 수 있습니다.

상상과 현실을 구분하지 못해서

아이들이 처음 거짓말을 하게 되는 시기는 평균적으로 세 살 무렵입니다. 이 연령대의 아이들은 현실과 꿈, 상상을 구분하는 것이 어렵습니다.

하루는 친구 집에서 놀다 온 아이가 이렇게 말했습니다. "엄마, 나 ○○네 집에서 젤리를 백 개나 먹었어요." 아이의 순수한 거짓말이 귀엽게 느껴지기도 합니다. 하지만 이런 말에 자꾸 속아주는 척하면 아이는 계속 이야기를 지어낼 수 있습니다. 이때 부모님께서는 현실과 상상을 구분해 주는 것이 좋습니다. "젤리를 백 개나 먹으면 ○○이 배가 아플 텐데? ○○이 그렇게 말하면 엄마가 정말인 줄 알고 걱정하잖아. 젤리가 먹고 싶으면 엄마한테 얘기해. 함께 사러가자. 다음부턴 진짜가 아닌데 진짜처럼 얘기하지 않기로 하자. 알겠지?" 부모님께서는 아이의 사소한 거짓말에 "너 왜 거짓말하니?"와 같은 질타의 말을 하지 않도록 주의하셔야 합니다.

5세 이전 아이들의 거짓말은 부모를 속이기 위해서가 아니라 현실과 상상을 구분할 능력이 부족한 탓이 큽니다. 물론 유아기 이후에도 자신의 꿈과 현실을 구분하지 못하고 지어내는 경우도 있습니다.

수년 전 미국 고등학교에 재학 중이던 한 한인 여고생이 스탠퍼드대학교와 하버드대학교에 동시 합격했다는 뉴스가 보도돼 화제가 된 적이 있습니다. 그런데 확인 결과 명문대 두 곳에 동시 합격했다는 '천재소녀'의 말은 거짓으로 밝혀졌지요. 입시 위주의 치열한 교육 현실이 빚어낸 안타까운 사례입니다.

이렇게 자신의 거짓말을 현실이라고 믿어버리는 경우에는 전문가의 도움을 받을 수 있도록 이끌어주셔야 합니다. 습관적으로 거짓말을 반복하고 그것에 죄의식을 느끼지 못한다면 '리플리 증후군'과 같은 인격 장애를 앓고 있을 수도 있으니까요. 그저 어린아이의 장난일 거라 생각하고 가벼운 거짓말을 어물쩍 넘어가지 않도록 부모님의 세심한 생활밀착형 지도가 필요한 까닭입니다.

자기 방어를 위해

5세 이후의 아이들은 혼나는 상황을 모면하기 위해 종종 거짓말을 하곤 합니다. 부모에게 야단맞는 것이 너무나도 무섭기 때문이지요. 아빠가 아끼는 물건을 실수로 망가뜨렸을 때 본인이 하지 않았다고 하거나, 동생을 때려서 울려 놓고도 아니라고 말합니다. 이때는 아이를 혼내기보단 다독이고 타이르는 것이 좋습니다. 거짓말한 일로 늘 혼이 나면, 다시는 거짓말을 하지 않게 되는 게 아니라 혼날 일이 두려워 또 거짓말을 하는 악순환이 반복됩니다.

아이들이 십 대가 되면 부모와의 본격적인 술래잡기가 시작됩니다. 아이는 학원에 빠져놓고 안 빠졌다고 우기고, 부모는 선생님에게 확인해 보겠다고 협박하는 일이 허다하지요. 도서실 간다고 나간 뒤 감감무소식인 아이를 혹시나 하는 마음으로 찾아간 PC방에서 발견하는 경우도 있습니다. 부모는 왜 자꾸 거짓말을 하느냐고 야단치고, 아이는 자꾸 물어보지 말라고 반항하며 화를 내는 상황이 반복됩니다. 아이는 부모가 자신을 야단치는 상황을 빠르게 모면하고 싶어 반복적으로 거짓말을 합니다. 그럴 땐 차라리 아이가 솔직하게 말할 수 있는 분위기를 조성해 주는 것이 좋습니다. "○○랑 PC방에서 딱 한 시간만 놀고 공부할게요." 굳이 부모를 속이지 않아도 된다면 거짓말하는 빈도도 줄어들게 됩니다.

거짓말로 이익을 얻기 위해

"무슨 문제집이 그렇게 비싸?" 아이가 중학생쯤 되면 이런 말을 할 일이 많아집니다. 참고서 값이 정말 비싸기도 하지만 아이가 원래 가격보다 부풀려서 말하는 경우도 있기 때문입니다. 어디 참고서뿐일까요? 필요한 걸 산다고 돈을 더 받아 가거나 용돈이 바닥났다는 거짓말을 하기도 합니다. 아이가 뻔히 보이는 거짓말을 할 땐 속아줘도 되나 싶고, 깜빡 속아 넘어갔을 땐 괘씸한 마음도 들 거예요.

어떤 기준으로 훈육하느냐는 부모의 재량에 달려 있지만, 사소한 일에 지나치게 심각해지지 않아야 합니다. 거짓말을 끝까지 추궁하기보다는 아이를 향한 믿음을 보여주고, 스스로 통제력을 키울 수 있도록 이끄는 것이 가장 바람직합니다. 다만 돈을 훔치거나 거짓말로 큰돈을 빼돌리는 등 정도가 지나친 경우엔 반드시 훈육하셔야 합니다. 거짓말로 이익을 얻는 경험이 쌓이면 인성에 문제가 생길 수 있기 때문입니다.

훈육 솔루션 ①

아이의 솔직함을 칭찬해 준다.

아이가 거짓말을 반복한다면 부모님 스스로 자신의 훈육 태도를 돌아볼 필요가 있습니다. 부모님이 지나치게 엄격하면 아이는 혼나거나 잔소리를 피할 수 있는 핑계와 변명거리를 찾습니다. 그럴 땐 자신의 상황과 생각, 느낌을 솔직하게 말할 수 있는 환경을 조성해 주는 것이 해결 방법 중 하나가 될 수 있습니다.

한 블로그에 소개된 사례입니다.* 초등학교 2학년 선생님 A씨 반에는 뻔히 보이는 거짓말을 자주 하는 아이가 있었습니다. "숙제를 다 했는데 까먹고 안 가져왔어요.", "화분을 깨뜨린 건 ○○가 절 밀어서 그런 거예요." 늘 이런 식으로 변명과 거짓말을 빈번하게 했지요. 선생님은 원인을 파악하기 위해 이 아이의 엄마와 상담을 했습니다. 알고 보니 엄마는 ○○가 작은 잘못이라도 하면 크게 실망하는 모습을 보이는 양육 태도를 갖고 계셨습니다. 그런 탓에 아이는 엄마가 자신에게 실망하는 것이 두려워 하나둘 거짓말을 하기 시작했고, 그것이 습관으로 굳어져 버렸던 것이었습니다.

> "자신의 실수에 실망하는 부모의 모습이 아이의 거짓말을 고착
> 화시킬 수 있어요."

아이의 학교생활과 선생님의 말을 들은 엄마는 큰 충격을 받았고 어떻게 대처하면 좋을지를 물었습니다. 이에 선생님은 ○○가 거짓말을 할 때면 다음과 같은 방법을 사용해 볼 것을 조언해 주었습니다. 그리고 얼마 지나지 않아 아이의 거짓말하는 버릇이 싹 사라졌다고 합니다. 어떻게 된 일일까요?

먼저 엄마는 아이가 시험 점수를 속였을 때 이렇게 말해주었습니

---

* 이 내용은 출처가 미확인 된 것으로 출처가 확인되면 반영하겠습니다.

다. "엄마는 네가 받아쓰기를 많이 틀렸다고 해서 실망하지 않아. 엄마는 백 점 맞는 것보다 솔직하게 말하는 ○○가 더 좋아." 솔직하게 말해도 실망하지 않을 것이란 반복적인 메시지가 아이를 안심시켰고, 점차 거짓말을 하지 않아도 되는 심리 상태로 변화하게 된 것입니다. 이 아이에게는 자신이 솔직하게 말했을 때면 언제나 엄마를 실망시켰던 경험이 쌓였기 때문에 차라리 거짓말하는 것이 자신의 생존적 자존감을 지키는 방법이었던 것입니다. "솔직한 ○○가 더 좋아"라는 엄마의 말 덕분에 아이는 자신의 생존적 자존감은 거짓말을 했을 때가 아니라 솔직했을 때 높아지는 것이라는 걸 깨닫게 되었습니다. 물론 이런 변화는 엄마의 굳은 결심이 있었기에 가능했습니다. 말로만 백 점 맞는 아이가 아닌 노력하는 모습을 더 사랑한다고 해놓고 정작 낮은 점수에 실망하는 모습을 보였다면 부모에 대한 아이의 신뢰는 산산이 부서지고 거짓말하는 버릇도 고칠 수 없었을 겁니다. 아이를 변화시키려면 부모님도 진정으로 변화해야만 합니다.

아이들은 사실이 드러나는 것에 두려움을 느낄 경우 야성의 뇌에서 생존 모드를 발동하여 지성의 뇌가 보내는 정직해야 한다는 신호를 차단해 버립니다. 지성의 뇌의 통제로부터 자유로워진 야성의 뇌는 계속해서 거짓말을 만들어냅니다. 이런 식으로 거짓말이 반복되면 지성의 뇌는 점점 더 무력해집니다. 결국 거짓말이 습관으로 굳어버릴 가능성이 높아지겠지요. 또 아이의 솔직함을 크게 칭찬해서 이타적 자존감을 높여주는 것도 거짓말을 교정하는 좋은 방법입니다. 이번에는 부모가 안 보는 데서 주스병을 엎지르고선 자신이 안 그랬다고 거짓말하는 아이를 훈육하는 상황을 예로 들어보겠습니다.

"○○야. 사람은 누구나 실수를 할 수 있어. 중요한 건 그 다음이야. 야단을 좀 맞더라도 자기 실수를 솔직하게 인정할 줄 아는 사람이 진짜 멋진 사람이란다."
"사실은요. 아까 장난치다가 제가 병을 넘어뜨렸어요. 제가 안 그랬다고 거짓말해서 죄송해요."
"그랬구나. 병을 넘어뜨리고 거짓말을 한 건 잘못했지만 솔직하게 말한 건 짱 멋진데? 엄마는 ○○가 정말 너무 멋있다고 생각해."

이렇게 칭찬을 해주면 '나도 세상을 살 만한 가치가 있구나' 하는 생존적 자존감뿐만 아니라 이타적 자존감까지 높아집니다. 자신의 솔직한 행동이 엄마를 감동시킬 정도로 세상에 기여했다고 느끼게 되기 때문입니다. 거짓말을 하려는 야성의 뇌에 대한 지성의 뇌의 통제력이 강화됩니다.

잘못된 행동에 따르는 책임감을 강화한다.

자기 잘못을 솔직하게 인정하는 것은 용기 있는 행동이긴 하지만 솔직함이 면죄부가 되지 않도록 유의할 필요가 있습니다. 아이의 머릿속에 무슨 잘못이든 솔직하게 고백하면 용서받을 수 있다는 공식이 성립하게 두면 이후 나쁜 행동을 강화시킬 수 있기 때문입니다.

"말해줘서 고마워. 하지만 친구를 속인 건 분명 잘못한 일이야."

아이가 솔직하게 잘못을 털어놓으면 그 점은 크게 칭찬하되 잘못된 점은 확실히 짚고 넘어가시길 바랍니다. 그리고 자신의 행동에 대해 끝까지 책임을 질 수 있도록 도와주세요. 친구를 속였다면 아이와 함께 사과를 하러 가는 것이 좋습니다. 정직하게 잘못을 인정하고 자신의 행동에 반드시 책임을 지게 하면 아이의 지성의 뇌를 강화시키고 야성의 뇌의 일탈 욕망을 위축시켜서 결국 이타적 자존감의 수준을 향상시킵니다. 이것은 어렵더라도 반드시 해야만 하는 일입니다.

반복되는 나쁜 행동에 대해서는 아이의 동의하에 몇 가지 벌칙을 정하는 것도 방법입니다. 10분 동안 손 들고 서 있기, 반성문 쓰기, 용돈 깎기 등과 같은 벌칙을 생각해 볼 수 있겠지요. 솔직함은 칭찬

받을 일이지만 모든 행동에는 결과가 따른다는 것을 아이가 받아들일 수 있도록 일러주어야 합니다. 그러면서도 솔직함을 보였을 경우엔 아량과 융통성을 발휘하는 것이 좋습니다. "동생을 때리면 원래 10분 동안 손 들고 있기로 했지? 하지만 거짓말을 하지 않고 솔직하게 얘기했으니 5분으로 줄여줄게. 다음번에 또 동생을 때리면 그땐 약속대로 10분 동안 벌 서는 거야. 알겠니?" 이렇게 하면 일관성 없거나 물러터진 훈육으로 변질되는 것을 막을 수 있습니다. 그러면서 아이의 잘못된 행동을 교정할 수도 있게 됩니다.

훈육 솔루션 ③

거짓말과 아이의 인격을 동일시하지 않는다.

아이가 거짓말을 했다는 걸 알면 부모님께서는 먼저 큰 배신감을 느낍니다. 그리고 '다시는 거짓말 못 하게 혼쭐을 내겠어' 하고 단단히 벼르지요. 야단을 치거나 경우에 따라 체벌까지 하는 경우도 있습니다. 하지만 이러한 강경 대응은 좋지 않습니다.

특히 가장 우려되는 부분은 아이에게 거짓말쟁이라는 꼬리표를 붙이는 것입니다. 아이가 거짓말을 할 때는 거짓말 자체를 문제로 삼기보다는 왜 그랬는지 이유를 살피는 것이 더 중요합니다. 화를 못 참고 아이에게 심한 말을 퍼붓게 되면 그 말은 비수가 되어 아이의 가슴에 깊게 꽂히게 됩니다. 지워지지 않는 상처가 되어 지속적으로 아이의 자존감을 떨어뜨리게 되지요.

거짓말은 분명 잘못된 일이고 부모님 입장에서는 아이가 더 큰 거짓말을 하게 될까 봐 겁이 날 수도 있습니다. 그러나 거짓말을 지속적으로 하는 경우가 아니라면 당장 문제 행동으로 이어질 가능성은 낮습니다. 그러니 과민반응하지 말고 차분하게 대응하는 것이 좋습니다. 부모님께서 아이를 믿고 차분하게 훈육한다면 별 탈 없이 올바른 인성을 가진 아이로 성장하게 될 겁니다.

훈육 솔루션 ④

정직함의 가치를 깨닫게 한다.

정직과 관련된 우화 중 유명한 것으로 『양치기 소년』과 『피노키오』가 있습니다. 『양치기 소년』은 늑대가 나타났다고 계속 거짓말을 하다가 정말 늑대가 나타난 순간에 아무도 소년을 믿어주지 않았다는 내용이고, 『피노키오』는 거짓말을 하면 코가 길어지는 소년에 대한 이야기입니다.

캐나다 토론토대학교의 캉 리Kang Lee 교수는 전통 우화들 중에서 어떤 우화가 아이들의 정직성을 더 높여주는지 알아보는 연구를 실시했습니다. 연구 결과를 보면 거짓말의 부정적 결과를 보여주는

『양치기 소년』이나 『피노키오』보다 정직의 긍정적 결과를 보여주는 『조지 워싱턴과 체리나무』가 아이들의 정직성을 약 16% 이상 높여 주는 것으로 나타났습니다.

『조지 워싱턴과 체리나무』는 도끼를 선물받은 조지가 실수로 아빠가 아끼는 체리나무를 베어버렸는데, 아빠는 자신의 잘못을 솔직하게 고백한 조지를 오히려 크게 칭찬해 주었다는 이야기입니다. 앞서 소개한 두 우화가 거짓말의 부정적인 결과를 보여줌으로써 아이들에게 거짓말을 하면 벌을 받게 된다는 공식을 만들어주었다면, 조지 워싱턴 이야기는 정직함으로 칭찬을 받을 수 있다는 교훈을 줍니다. 이렇게 정직의 긍정적인 결과를 강조할 때 "거짓말 하면 코가 길어진다" 하고 겁을 주는 것보다 훈육의 효과가 높아진다고 캉 리 교수는 설명했습니다.

거짓말의 부정적 측면을 강조한 훈육은 야성의 뇌로 하여금 부모에게 야단맞는 두려움을 피하는 것을 최우선 과제로 삼게 만듭니다. 자꾸 거짓말을 하면 양치기 소년처럼 사람들의 신뢰를 잃고 낭패를 볼 수 있다고 겁을 줘도 야성의 뇌는 아랑곳하지 않습니다. 오히려 '뭐 진짜로 그런 일이 일어나겠어?' 하고 믿지 않고 충동적으로 그 상황만 모면하려고 할 가능성이 높습니다. 또 이미 거짓말을 하는 자신의 모습을 보며 자존감이 낮아진 상태이기 때문에 '거짓말을 하면 벌을 받는다' 하는 말은 효과가 떨어집니다.

반면 긍정적인 측면을 부각한 훈육은 생존적 자존감과 이타적 자존감을 높여서 지성의 뇌의 통제력을 직접적으로 강화시키는 효과가 있습니다. 이야기 속에서 워싱턴의 아빠는 "나는 오늘 체리나무 한 그루를 잃었지만 대신에 정직한 아들을 얻었구나"라고 말합니다. 이렇게 솔직하게 잘못을 시인했을 때 부모가 너그럽게 칭찬해주면, 아이는 정직함이 훌륭한 것이라고 확실하게 인식하게 됩니다.

"어차피 거짓말을 적당히 하며 살 텐데 굳이 훈육이 필요할까요?"

거짓말을 안 하고 사는 사람은 없습니다. 상대방이 마음에 안 들어도 아닌 척하고 넘어가야지 '당신 마음에 안 든다' 하고 정직하게 말해 버리면 사회생활을 제대로 할 수 없을 거예요. 내 아이를 거짓말을 전혀 하지 않는 완벽하게 정직한 아이로 키우기란 사실상 불가능하다는 말입니다. 그럼에도 불구하고 거짓말을 하지 않도록 훈육해야 하는 이유는 존재합니다.

바로 옳고 그름의 원칙을 가르쳐야 하기 때문입니다. 거짓말이 불가피하다 하더라도 남을 속이는 거짓말이 원칙적으로 잘못된 것이라는 가치판단은 아이에게 명확히 전달해 줘야 합니다. 그래야 지성의 뇌가 정확한 가치를 실현하는 방향으로 통제력을 키울 수 있습니다.

유튜버들 중에 남을 속이는 것으로 인기를 끌어 구독자 수를 늘리는 사람들이 있습니다. 거짓말 훈육을 제대로 안 받은 사람들은 보통 사람들이 어쩌다 한두 번 거짓말을 하게 되는 것과 달리 매사에 거짓말로 이익을 취하는 일을 밥 먹듯이 합니다. 굳이 남을 속이지 않아도 되는 상황이거나 속여봤자 별로 이득 될 것이 없는 경우에도 거짓말을 합니다. 기본적인 사고가 남을 속이는 쪽으로만 흘러가는 사람들인 것이지요. 이런 사람이 제대로 된 삶을 살리가 만무합니다. 항상 주변 사람들과 마찰이 생기고 내 거짓말이 발각될까 하는 두려움, 남에 대한 의심 등 걱정과 불안, 스트레스로 평안할 날이 없을 거예요. 그렇기에 우리는 아이가 어릴 때 지성의 뇌의 통제력을 제대로 훈련시켜야 합니다.

화와 짜증이 많은 아이, 이대로 괜찮을까요?

화는 한 사람의 인성 수준을 드러내는 가장 기본적이고 분명한 바로미터입니다. 별다른 잘못을 하지 않은 상대방에게 다짜고짜 굳은 얼굴, 까칠한 말, 무례한 행동, 큰 소리를 낸다면 그 사람의 인성은 결코 좋다고 말할 수 없을 것입니다. 아이의 화는 부모가 가장 빈번하게 마주치는, 인성교육에서 꼭 풀어야 할 과제입니다.

길바닥 침실 오페라를 펼치는 아이들

36개월 내외의 아이들은 원하는 걸 사주지 않거나 현재의 상황이 마음에 들지 않는다고 판단하면 길바닥에 그대로 드러누워 짜증을 내며 웁니다. 난감하고 곤란한 이 상황, 아마 부모님들께서도 수차례 경험해 보셨을 겁니다.

저는 아이의 이런 행동을 가리켜 '길바닥 침실 오페라'라고 부릅니다. 아이가 길바닥을 침실이자 자신의 주장을 펼치는 무대로 여기고 퍼포먼스(연기와 발성)를 펼치는 거라고 보는 것이지요. 이런 상황을 처음 마주하게 되면 초보 부모들은 주위 사람들의 시선을 견디는 것도 힘들고 여러모로 참 난감합니다. 그래서 많은 분들께서 이 상황을 모면하기 위해 아이가 원하는 것을 다 들어주겠다고 약속하며 아이의 감정을 진정시키곤 하지요. 하지만 이것은 아이의 페이스에 말려드는 일입니다. 앞으로 더 험난한 블록버스터급 미래가 펼쳐지게 될 거예요. 쉽게 말하면 아이의 버릇을 나쁘게 만드는 처방이라는 겁니다.

이럴 때는 당황하지 않고 의연해지시는 것이 좋습니다. '길바닥 침실 오페라' 행동의 기저심리는 부모를 당황시켜서 원하는 것을 얻겠다는 것입니다. 이를 자존감 원리로 설명하자면 아이는 생존적 자존감이 지나치게 높은 상태에 놓여 있는 거예요. '나만 이 세상에 살 만한 가치가 있다' 또는 '이 세상에 살 만한 가치가 가장 높은 사람은 바로 나야.' 하는 생각을 품고 있는 것입니다. 이기적 자존감의 영역에 진입하고 있는 것이지요. 괘씸하긴 하지만 그렇다고 하여 "빨리 안 일어나?" 하고 불같이 혼을 내거나 "엄마 간다" 하고 가

버리는 시늉을 한다면 가뜩이나 과열된 야성의 뇌를 더 자극하게 될 것입니다. 부모의 과잉 진압이나 매정함에 아이는 일단은 굴복할 수밖에 없겠지만 아이의 야성의 뇌 속에서는 '두고 보자' 하고 야성의 뇌를 더 키우거나 가슴에 상처를 남길 수 있습니다.

거친 행동을 하는 아이들

유치원이나 초등학교 이상의 아이들은 조금이라도 자신의 마음에 들지 않으면 빈번하게 짜증이나 화를 내곤 합니다. 하지만 아이들이 화를 분출하는 데는 분명 이유가 있습니다. 크게 세 가지 이유를 들 수 있는데 첫째는 방치형 양육에 놓여 있었다는 것이고, 둘째는 부모의 지나친 잔소리와 간섭에 대한 반발심이며, 셋째는 부모의 잦은 화 때문입니다. 지금부터는 이 세 가지의 발생 원인에 대해 좀 더 면밀히 살펴보겠습니다.

방치형 양육

아이들이 자신의 화나 짜증 같은 부정적인 감정들을 빈번하게 드러내는 이유 중 하나는 지나치게 허용적인 부모의 양육 태도 때문입니다. 아이의 머릿속, 정확하게는 야성의 뇌 영역에서는 항상 욕심이 샘솟고 화가 치솟습니다. 이 감정들의 트리거가 당겨지는 순간

걷잡을 수 없이 터져 나오게 되는 것이지요. 보통은 지성의 뇌가 이 감정들을 다스려야 하는데, 아직 어린 아이들은 뇌 발달이 미성숙하여 지성의 뇌가 지닌 통제력을 제때 발휘하기가 어렵습니다. 부모의 훈육이 필요한 이유입니다. 아이가 자신의 부정적인 감정을 참지 못하고 밖으로 표출했을 때는 그 즉시 부드러운 훈육을 실시하셔야 합니다.

"그래서 네가 화가 났던 거였구나. 엄마도 그 상황이면 화가 났을 것 같아. 하지만 다른 사람에게 그렇게 함부로 화를 내버리면 그 사람의 마음이 아프지 않을까? 화를 무조건 참으라는 얘기가 아니야. 남에게 함부로 화를 쏟아내선 안 된다는 거야."

정확한 원칙을 갖고 훈육을 한다면 아이의 지성의 뇌는 통제력을 키울 수 있게 될 것입니다. 또 자연스럽게 타인의 마음을 살피는 마음, 즉 이타심과 이타적 자존감의 뿌리가 자라나게 될 것이고요. 그런데 아이가 작은 일에도 크게 화를 내는데 부모가 '별일 아니겠지' 하고 방치한다면 아이의 지성의 뇌는 성장하지 못한 채 힘을 잃게 될 겁니다. 아이가 물건을 던지는 등 공격성을 드러내도 부모가 아무런 제지를 하지 않으면 아이의 공격성은 걷잡을 수 없이 커집니다. 조금만 화가 나도 참지 못하고 폭발해 버릴 거예요.

영국 작가 피디 제임스P. D. James는 이런 '오냐오냐 양육'과 관련해 다음과 같은 퀴즈를 냈습니다.

> Q. 아이를 '악마'로 만드는 가장 확실한 방법은?
> A. 아이를 '신'처럼 떠받들면 된다.

지나친 간섭과 잔소리

부모의 간섭과 잔소리는 아이의 화를 유발하는 촉매제가 됩니다. 아이의 행동을 강압적으로 통제하고, 자율성을 존중해 주지 않는 양육 방식은 아이의 자유를 박탈하는 행위입니다. 자유를 박탈당했다고 생각한 아이는 어쩔 수 없이 참고는 있지만 속은 부글부글 끓습니다. 이것이 넘치면 짜증, 심해지면 분노의 형태로 분출되는 것입니다. 부모의 간섭이 심한 가정에서 성장할 경우, 남자아이는 폭력성과 공격성을 띤 어른으로 성장하고 여자아이는 우울한 어른으로 성장한다는 연구 결과도 있습니다. 요즘은 성별의 경계가 희미해지고 있어서 여자아이의 경우도 공격성을 보이는 쪽으로 많이 옮겨 가고 있고요.

잔소리가 아이의 공격성을 유발하는 원리를 신경전달물질과 호르몬으로 설명하면 이렇습니다. 잔소리나 간섭이 심하면 스트레스 호르몬과 신경전달물질이 분비되는데, 전두엽과 같이 고차원적 사고를 하는 지성의 뇌 부위는 물리적으로 약해서 스트레스 호르몬과 같은 독성물질에 노출되면 손상되기 쉽습니다. 최첨단 기계일수록 작은 먼지나 오염 등에 예민한 것과 비슷하다고 보면 됩니다. 뇌는 잔소리를 들을 때마다 스트레스 호르몬을 분출해 지성의 뇌를 손상시킵니다. 이렇게 되면 야성의 뇌가 분출하는 분노 감정에 대한 지성의 뇌의 통제력이 점점 약해집니다. 압력밥솥의 뜨거운 증기가 빠져나오지 못하게 틀어막고 있는 고무패킹이 서서히 닳는다고 생각해 보세요. 결국은 빵 터질 수 있습니다. 잔소리가 심한 부모 밑에서 자란 아이가 분노를 폭발하는 것은 시간문제입니다.

이번에는 자존감 개념으로 화라는 감정에 대해 살펴보면 이렇습니다. 부모의 잔소리는 아이의 생존적 자존감을 갉아먹습니다. 잔소리를 듣고 있는 아이의 생각을 들여다보면 대부분 '내가 뭔가 잘못하고 있구나' 또는 '나라는 존재는 문제가 참 많아' 하는 의식으로 가득 차 있습니다. 이 의식은 곧 '나는 이 세상에 살 만한 능력이나 자격이 부족하다'라는 인식으로 발전돼 아이의 생존적 자존감을 낮춥니다. 그렇게 되면 부모를 비롯한 세상에 반감이나 적의를 품게 되고 다른 사람이 나한테 조금만 잘못해도 공격성을 드러내는 분노조절장애로 발전하기 쉽습니다.

자주 화 내는 부모

부모의 잔소리나 간섭보다 더 심각한 것은 부모가 감정조절능력이 부족한 경우입니다. 평소 사소한 일로 자주 화를 내거나 감정을 마구 쏟아내는 부모를 가진 아이들은 야성의 뇌의 강한 지배를 받습니다. 부모의 분노가 꼭 아이를 향한 것이 아니더라도 아이는 두려움을 느낍니다. 스트레스 신경전달물질과 호르몬이 분비되어 아이들의 지성의 뇌를 무력화시키기 때문입니다.

그러니 아이 앞에서 부정적인 감정을 노출하는 건 자제해야 합니다. 신경질적인 부모 밑에서는 신경질적인 아이가 나올 수밖에 없습니다. 이 진리를 깨달은 부모는 부당한 일이 발생하더라도 아이 앞에서만은 타인에게 화를 잘 내지 않습니다.

저 역시 아이들과 함께 여기저기 다니다 보면 부당한 일을 겪는 경우가 종종 있었습니다. 조목조목 따지고 싶었지만 아이 때문에 침묵을 지켜야 했던 경우가 한두 번이 아니었습니다. 무조건 화를 참으라는 것이 아니라 적절하고 타당한 방식으로 분출하라는 것입니다. 부모가 아이 앞에서 지성의 뇌가 멋진 승리를 거머쥐는 모습을 보이면 아이의 지성의 뇌도 그 기를 이어받아 힘을 키울 수 있게 된다는 것을 기억하시길 바랍니다.

훈육 솔루션 ①

부드러운 태도로 지켜봐 준다.

길거리 침실 오페라 연기를 펼치는 아이의 지성의 뇌는 통제력이 상실된 상태입니다. 따라서 지성의 뇌의 통제력에 생명을 불어넣어

주는 것이 이번 솔루션의 핵심입니다.

아이가 생떼를 부리기 시작하면 부모님께서는 여유를 갖고 의연하게 대처하는 것이 가장 좋습니다. 먼저 아이가 떼쓰는 장면을 제지하지 않고 그대로 두고 보세요. 물론 상황과 장소에 따라 그냥 두고 볼 것인지, 다른 장소로 옮기게 할 것인지는 결정하셔야 합니다. 안전한 장소 또는 사람들이 많지 않은 공간으로 아이를 번쩍 들어 옮겨놓고 "여기에서 마음대로 해봐"라고 말하셔도 좋고요. "엄마, 저쪽 계단에 앉아서 ○○이 화가 풀릴 때까지 기다리고 있을게. 하던 거 계속 하다가 재미없으면 와" 하고 말해 준 다음에 엄마만 그 자리를 뜨는 것도 괜찮습니다.

지성의 뇌는 상대방의 지성의 뇌가 뿜어내는 에너지에 반응하게 되어 있습니다. 부모와 아이도 본질은 인간관계로 맺어진 사이이기 때문에 일반적인 인간관계의 원리가 대부분 그대로 적용됩니다. 상대방이 내게 감정적으로 대하면 나 역시 야성의 뇌로 대응하게 되고, 상대방이 나에게 부드러운 지성의 뇌로 다가오면 나 역시 지성의 뇌로 반응하게 되지요. 아이가 떼쓰고 소란을 피우는데도 부모가 당황하거나 화를 안 내고 아이의 시야에 계속 머물러주면 아이 머릿속 야성의 뇌는 '어? 이상하다. 이게 아닌데' 하고 혼란에 빠지며 위축되기 시작합니다. 대신 지성의 뇌가 힘을 얻고 살아나기 시작하지요. '이토록 말을 안 듣는 나를 지켜주고 기다려주는 부모님께 미안해하는 게 맞지 않을까?' 이렇게 지성의 뇌가 통제력을 회복하게 되면 아이는 마음을 진정시키고 스스로 자리에서 일어나 엄마에게 갑니다. 길거리 침실 오페라 공연의 막을 자발적으로 내리는 겁니다. 끝까지 객석을 지켜준 부모의 사랑이 아이의 가슴에 영원히 새겨지는 순간입니다.

유일한 문제는 주변 사람들이 이 장면을 강제로 관람하게 된다는 건데, 이것은 아이의 인성을 제대로 키워주려는 부모를 위해 조금은 이해해 주면 어떨지 조심스럽게 제안해 봅니다. 아이 한 명을 키우려면 온 마을이 필요하다는 말처럼 말이지요. 좋지 못한 인성을 가진 사람 한 명이 세상에 얼마나 많은 해를 끼치는가를 감안한다면 주위 사람들의 인내가 결코 헛된 노력은 아닐 거라고 장담합니다. 그렇게 해야 부모가 부담을 덜 느끼면서 아이의 인성교육에 집중할 수 있는 환경이 마련될 수 있을 것입니다.

훈육 솔루션 ②

감정 분출의 대가를 알려준다.

공격성을 자주 드러내면 잃는 것이 참 많습니다. 아이들도 화를 잘 내는 친구는 가까이하려 하지 않습니다. 화를 잘 내는 아이들은 학교생활과 친구관계에서 심각한 문제가 발생할 수 있습니다. 이를 방지하려면 아이가 다른 사람의 마음을 헤아릴 수 있도록 그 방법을 가르쳐야 합니다.

특히 부모의 경험담을 들려주며 간접적으로 이해를 돕는 것이 좋습니다. 다른 사람에게 화를 냈다가 오히려 낭패를 겪었던 경험담을 들려준 뒤에 "만약 친구가 사소한 일로 벌컥 화를 낸다면 넌 어떤 기분이겠니?" 하고 질문해 역지사지로 자신을 돌아볼 수 있도록 해야 합니다. 만약 아이가 화를 이기지 못하고 친구를 때렸다면 이렇게 말해줄 수 있습니다.

> "화가 난다고 해서 친구를 때려선 안 돼. 너의 행동으로 그 친구
> 와 가족들이 얼마나 상처를 입었겠니? 거꾸로 친구가 너를 때렸
> 으면 어떨 것 같니?"
> "나도 때릴 거예요."
> "그거 봐. 다른 사람도 똑같아. 다른 사람에게 상처를 주면 결국
> 너에게 돌아오는 법이야."

아이들은 아직 지성의 뇌가 제대로 발달하지 않아서 야성의 뇌의 충동에 쉽게 넘어갑니다. 야성의 뇌는 자신이 한 일에 대해 치러야 할 대가를 쉽게 예상하지 못합니다. 그래서 충동적으로 행동하는 거지요. 분노를 드러냈을 때 아이가 치러야 할 결과에 대해 반복적으로 깨우쳐주면 야성의 뇌가 위축되어 지성의 뇌의 통제력을 회복하는 데 도움을 줄 수 있습니다.

훈육 솔루션 ③

화를 드러내지 않는 훈련을 한다.

오래전 어느 단체에서 화를 참는 운동을 한다며 일상생활 속에서 화를 꾹 참을 때마다 한쪽 팔에 걸었던 팔찌를 다른 팔로 옮기는 행동을 권장한 적이 있었습니다. 저는 그 얘길 듣고 흠칫 했습니다. 그렇게 하면 화병만 생길 뿐이지 인성이 좋아질 수는 없습니다. 배고픔을 참는다고 배고픔이 없어지는 것이 아니고, 복통을 참는다고 통증이 사라지는 것이 아니듯이 화가 나는 걸 무작정 참는다고 해서 이미 발생한 화가 사라질 수는 없는 노릇이니까요. 내면에 스트레스만 쌓일 뿐입니다.

화는 참는 대상이 아니라 관리의 대상입니다. 화가 나더라도 다른 사람에게 함부로 해를 끼치지 않도록 관리해야 합니다. 아이들에게 훈련하고 가르쳐야 할 것이 바로 이것입니다. 어떤 부모님들은 아이가 화가 나서 얼굴이 붉으락푸르락하는데 거기다 대고 "화가 나도 꾹 참아!" 하고 다그치기까지 합니다. 그러면 안 됩니다. 화는 얼마든지 날 수 있습니다. 중요한 것은 남에게 해를 끼치는 방향으로 드러내지 않도록 훈련하는 것이지요.

레윈K. Lewin의 '태도변화모형'에 의하면 인간은 기존의 태도를 새로운 태도로 바꿀 때 3단계를 거친다고 합니다. 1단계가 '해빙'인데 이것은 얼음처럼 단단히 얼어 있던 기존 태도를 녹인다는 의미입니다. 2단계는 '변화'이고 새로운 태도로 바꿔나가기 위해 행동하는 것입니다. 3단계는 '재동결'이며 새로운 태도를 다시 얼음 얼리듯 단단하게 형성한다는 뜻입니다.

훈육을 통해 지금까지 아이가 남에게 함부로 화를 드러낸 자신의 잘못을 깨닫고 변하고자 하는 동기를 가졌다면, 이것은 레윈의 태도 변화모형 첫 번째 단계인 '해빙'에 해당됩니다. 하지만 변화의 동기를 가졌더라도 고착화된 성격이나 버릇을 하루아침에 고치긴 쉽지 않지요. 그러므로 두 번째 단계인 '변화', 즉 훈련 행동이 필요한 것입니다. 아이가 화의 수렁에서 빠져나갈 힘을 기르게 하려면 부모의 도움이 필요합니다. 변화를 위한 행동 훈련으로는 다음의 방법들을 고려해 볼 수 있습니다.

우선 아이의 화를 3단계로 나눕니다. 1단계는 '화가 어느 정도 나는 상황', 2단계는 '화가 꽤 나는 상황', 3단계는 '화가 머리끝까지 나는 상황'입니다. 2단계, 3단계는 어른들도 실행하기 어려운 단계이므로 우선 1단계에서 화를 남에게 드러내지 않는 데 성공하는 훈련을 집중적으로 하게 합니다. 일상생활을 하다가 아이가 화를 드러낼 만한 상황이 왔을 때 화를 밖으로 드러내지 않는 훈련을 하는 것이지요. 가령 동생이 방문을 쾅 닫았을 때 과거에는 바로 "야! 시끄러워!" 하고 화를 냈다면, 이제부터는 5~6초간 숨을 고른 뒤에 감정을 표현할 수 있도록 알려주세요.

"동생이 문을 세게 닫아서 화가 났구나. 화가 나는 건 막을 수 없지만 시간이 조금만 지나면 화가 저절로 조금 가라앉게 돼. 화날 때 바로 말하지 말고 다섯에서 여섯까지 숫자를 센 뒤에 '○○아, 문 좀 천천히 닫아줄래?' 하고 말해 보는 건 어떨까?"

그리고 바로 실제로 그렇게 말해 보도록 지도해 주는 겁니다. 아이가 화를 잘 다스렸다면 "그래, 정말 잘했다" 하고 칭찬해 주세요. 주의할 것은 1단계 '화가 어느 정도 나는 상황'에서만 훈련하는 것이지 2단계, 3단계처럼 화가 많이 난 상황에서 이와 같은 훈련을 시키면 안 됩니다. 아이가 감당하기에 너무 벅찬 일이기 때문입니다. 만약 부모님께서 시키지 않았는데도 화를 관리하는 데 성공했다면 기회를 놓치지 말고 아이를 크게 칭찬해 주세요.

"아빠는 이런 상황에서 ○○처럼 화를 참지 못했을 거야. 정말 대단하다."

꼭 1단계가 아니더라도 그보다 화가 적게 날 상황에서 화를 함부로 안 냈을 경우에도 칭찬해 줍니다. 가령 부모 잘못으로 몸이 부딪혀서 부모가 "미안" 하고 말했는데 아이가 화를 안 내고 가만히 있으면 칭찬해 주는 것입니다. 물론 부모가 윗사람이기 때문에 함부로 화를 못 내고 아이가 참은 것이 크지만 훈련 효과는 비슷합니다.

이렇게 칭찬이 반복되어 쌓이면 지성의 뇌가 야성의 뇌에서 발생하는 화를 통제하는 힘이 점점 강해집니다. 어느새 지성의 뇌의 통제력이 부쩍 자라 있을 거예요. 이전에는 화가 날 때마다 거리낌 없이 감정을 드러내고 타인에게 함부로 상처를 주었다면, 앞으로는 감정을 절제하고 상대를 존중할 줄 아는 사람으로 성장하게 될 것입니다. 나아가 레윈의 태도변화모형의 마지막 단계인 감정을 제어할 줄 아는 인성으로 새롭게 '재동결'될 거라 확신합니다.

"부모가 아이에게 부당하게
화내지 않는 방법이 있을까요?"

앞서 화를 잘 내는 아이를 만드는 요인으로 다음 세 가지를 지적했습니다. 첫째 지나치게 허용적인 부모, 둘째 끊임없이 잔소리하는 부모, 셋째 자주 화를 내는 부모입니다. 이 중 지나치게 허용적인 태도와 잔소리는 노력하면 어느 정도 가시적인 효과를 얻을 수 있는 부분입니다.

하지만 세 번째 자주 화내는 부모의 행동은 고치는 것이 쉽지 않습니다. 부모도 감정이 있는 인간이기 때문이지요. 부모가 아이에게 화를 내는 많은 경우들을 유심히 살펴보면 아이에 대한 부모의 오해나 잘못된 인식에서 비롯되는 경우가 많습니다. 그렇다면 어떻게 해야 아이에게 화를 덜 내는 부모가 될 수 있을까요?

1. 아이를 어른으로 착각하지 말자

부모들이 자꾸 아이에게 화를 내는 이유를 살펴보면 아이를 어른으로 착각하기 때문인 경우가 많습니다. 아이들은 정말 몰라서 잘못을 저지르기도 합니다. 그런데 부모님들은 아이가 마치 어른처럼 자신을 골탕 먹이려는 불순한 의도를 가지고 자신을 화나게 했다고 생각합니다.

제 둘째 아이가 이 닦기 연습을 할 때의 일입니다. "오늘부터 자기 전에는 스스로 이를 닦는 거야." 이렇게 말하면 아이가 알아서 잘하리라 생각했습니다. 하지만 그날 저녁 아이는 양치질을 하지 않았고, 그다음 날도 마찬가지였습니다. 셋째 날, 아이에게 오늘 저녁에는 꼭 이를 닦으라고 단단히 주의를 줬습니다. 그런데 또 양치질하는 것을 잊은 겁니다. 저는 애써 참았던 화가 폭발해서 "너 아빠 말 안 들을 거야?" 하고 호통을 치고 말았습니다. 그제야 아이는 얼어붙은 얼굴로 "아차! 깜빡했어요. 지금 이 닦으러 갈게요" 하고 말하더군요. 깜빡했다는 아이의 말이 당황스러웠습니다. 생각해 보면 아이는 태어나 처음으로 새로운 일을 하게 된 것이었습니다. 그동안은 늘 부모가 양치질을 도와줬는데 스스로 하라고 하니 생각이 나질 않거나 익숙하지 않았던 거예요.

누구나 이런 과정을 거쳐 성장했을 텐데 개구리 올챙이 적을 생각하지 못하고 아이를 오해했던 겁니다. 아빠의 말을 무시하고 자신이 해야 할 일을 하지 않는다고 판단한 것입니다.

바로 이런 경우가 부모들이 아이에게 자주 화를 내는 이유 중 하나일 것입니다. 아이를 어른과 동일한 잣대로 판단해선 안 됩니다. 그런데 많은 부모님들께서는 아이가 약속한 일을 제때 하지 않으면 오해하고 쉽게 화를 냅니다. 아이를 미숙한 존재로 바라보고 잘 몰라서 그런다는 사실을 항상 깊이 인식한다면 화를 내는 빈도가 상당히 줄어들 것입니다.

2. 백 번 말할 각오로 임하자

아이에게 새로운 습관을 들이려면 최소 백 번은 이야기할 각오를 해야 합니다. "자기 전에 이 닦아라", "자기 전에 가방을 잘 챙겨라." 무엇이든 한두 번 이야기한 것으론 습관이 되지 않습니다. 부모님들은 "한두 번 말했으면 좀 들어!"라고 자주 이야기하시지만 한 번 말해서 듣는 아이는 거의 없지요. 우리 어른들은 그동안 아이에게 너무 큰 기대를 가지고 무리한 요구를 해온 것은 아닐까요?

운동을 처음 하는 사람이 곧바로 20킬로 무게의 아령을 들 수는 없습니다. 근육을 꾸준히 단련하면서 무게를 늘려나가야 하지요. 아이들이 하루아침에 새로운 습관을 들이길 바라는 것은 운동 초보자에게 "당장 50킬로 들어. 얼른 안 들어?" 하는 것과 다르지 않습니다.

새로운 행동이 습관으로 자리를 잡으려면 반복과 시간이 필요합니다. 두뇌에 행동을 제어하는 개별 통제력(신경다발)이 하나하나 만들어져야 하지요. 이 신경다발은 한두 번의 말로 갑자기 형성되지 않습니다. 반복해서 명령을 내리고 수행하다 보면 신경다발이 탄탄하고 굵어져서 습관이 될 수 있습니다. 사소한 습관을 들이더라도 최소 백 번은 말할 각오로 시작하세요. 이 각오를 가지고 기대치를 낮추면 열 번 말한 정도로는 화도 안 납니다. 아직 구십 번의 여유가 있기 때문이지요. 그런데 삼십 번 만에 아이가 말을 들었다면 화가 나는 게 아니라 칠십 번의 반복과 수고를 줄여준 아이가 오히려 고맙게 느껴질 겁니다.

3. 무례함으로 착각하지 말자

제 첫째 아이가 초등학교 6학년 때의 일입니다. 형제들끼리 싸움이 나서 첫째 아이를 불러놓고 훈계하는데 아이가 무심코 버릇없는 말을 하는 것입니다. "아빠한테 그런 말하면 안 돼" 하자 아이가 의아한 표정으로 물었습니다. "왜요? 그렇게 말하면 어때서요?" 그 말에 순간 욱해서 "감히 아빠한테 대들어?" 하고 벌을 세운 일이 있습니다. 그리고 한참 후에 아이가 그렇게 말한 것은 아빠에게 대든 것이 아니라 그게 왜 버릇없는 말인지 정말 몰라서 물어본 것임을 깨달았습니다. 아이가 그에 맞는 톤을 조절하지 못해서 제 귀에 버릇없게 들린 것입니다. 차분히 이유를 설명해 주면 될 것을 괜한 일에 화를 냈던 것이지요. 그때의 일을 생각하면 아직도 아이에게 미안합니다. 물론 부모를 골탕 먹이려고 일부러 말을 듣지 않는 영악한 아이들도 간혹 존재할 것입니다. 그러나 미숙함이 원인인 경우가 훨씬 많습니다. 아이들은 완성된 존재가 아니라 배우고 경험함으로써 성장하는 존재임을 한시도 잊어선 안 됩니다.

부모의 화 중에 많은 부분이 위의 세 가지 원인에서 비롯됩니다. 아이의 능력을 넘어서는 일로 부당하게 혼이 나다 보면 정서불안의 원인이 되고, 지성의 뇌보다 야성의 뇌가 강해져서 이타적 자존감이 높아지기가 힘듭니다. 아이를 어른이 아니고 아이로 바라봐주는 한 부모가 아이에게 화낼 일들이 상당히 줄어들 것입니다.

도둑질하는 아이,
어떻게 해야 할까요?

아이가 어린이집이나 친구 집에서 허락 없이 들고 온 물건 때문에 난감해지는 때가 있습니다. 왜 가져왔느냐고 물어보면 천연덕스럽게 '갖고 싶어서'라고 말하지요. 남의 물건은 함부로 가져오는 게 아니라고 야단치고 물건을 주인에게 돌려주고 난 뒤에도 마음 한편이 무겁습니다. '그 나이 땐 다 그러는 건데 괜히 혼냈나?' 싶다가도 '습관이 되면 어쩌나?' 하고 걱정합니다. 아이가 초등학생 이상이 되면 다루기가 더 까다로워집니다. 특히 부모의 지갑에서 돈을 슬쩍하거나 하면 부모님들이 크게 놀라 자기도 모르게 감정적인 훈육을 실시합니다.

훔치는 아이를 훈육할 때는 중요하게 생각해야 하는 것이 두 가지 있습니다. 첫째, 아이의 연령입니다. 5세가량의 아이가 남의 물건을 들고 왔다면 의도적으로 훔쳤다고 볼 수 없습니다. 이 연령대의 아이는 소유의 개념이 모호하기 때문이지요. 둘째, 아이의 심리와 정서입니다. 여러 연구 결과에 따르면 도둑질하는 아이들은 가정이나 학교생활에 문제가 있는 경우가 많다고 합니다. 그러므로 무턱대고 혼을 내기보다는 왜 그랬는지 이유를 파악하는 것이 더 중요합니다.

훈육 솔루션 ①
부드럽게 타이른다.

5세 이하의 아이들은 아직 내 것과 남의 것을 구분하지 못하고, 남의 것을 가져오는 것이 잘못인지도 모릅니다. 즉 소유의 개념이 없습니다. 이때는 문제를 너무 심각하게 볼 것이 아니라 부드럽게 타이르는 정도면 충분합니다.

"친구의 물건은 네 것이 아니야. 만일 친구가 네 장난감을 몰래 자기네 집으로 가져가 버리면 어떨까? 네가 아끼는 장난감이 없어진 걸 알게 되면 정말 슬프겠지? 친구도 마찬가지야. 남의 물건은 함부로 가져오면 안 돼."

이 정도의 훈육이면 충분합니다. 주의할 점은 짧게라도 반드시 훈육을 하고 넘어가야 한다는 것입니다. 어떤 부모들은 별일 아니란 생각으로 웃고 넘기기도 하는데, 이 경우 습관으로 자리 잡을 수 있음을 명심하시기 바랍니다.

훈육 솔루션 ②

상처 주지 않는 훈육을 한다.

5세 이후에는 차츰 소유에 대한 개념이 잡히고 내 것과 남의 것을 구분할 수 있게 됩니다. 소유의 개념을 알게 된 이후에도 남의 물건을 가져오는 것은 상당히 다양한 이유들이 존재하기 때문에 일일이 다 열거하기가 어려울 정도이지요. 가장 큰 이유는 부모의 사랑을 충분히 받지 못했거나, 친구 관계에서 어려움을 겪는다거나 하는 등 아이가 정서적으로 욕구 불만인 상태에 놓여 있을 수 있습니다.

절도죄로 경찰서에 온 한 여중생은 집이 잘살았고 성적도 전교 상위권이었는데, 단지 부모의 간섭이 싫어서 탈출하고 싶었다고 합니다. 이런 일탈 욕구, 외로움, 우울증, 공허감 등도 도벽의 원인이 될 수 있습니다. 또 친구와 같이 물건을 훔치며 의리를 다지거나 센 척하거나 자랑하고 싶어서 등 단순한 호기심과 재미를 위해 물건을 훔치기도 합니다. 소유의 개념이 생긴 이후 아이들이 도둑질하는 가장 큰 동기는 '충동성'입니다. 좋은 것을 보면 누구나 탐이 나지만 내 것이 아니기에 가지고 싶은 충동과 욕구를 조절합니다. 하지만 아이들은 성인보다 충동을 억제하는 능력이 부족해서 자기도 모르게 남의 물건에 손을 대기도 하는 것입니다.

부모님들도 어릴 때 한두 번 남의 물건에 손대본 경험이 있을 겁니다. 하지만 한두 번에 그칠 뿐 성인이 된 후에 범죄로 이어지는 경우는 극히 드문 일입니다. 따라서 부모가 심각하게 방치하지 않는 이상 바늘 도둑이 소도둑 되는 경우는 거의 없습니다. 하지만 남의 물건에 손댄 아이에게는 반드시 훈육을 해야만 합니다. 그래야 도벽까지는 아니더라도 남의 물건 탐내기를 쉽게 생각하지 않는 정상적인 어른으로 성장할 수 있습니다. 이때 훈육의 방향도 따끔하게 혼내는 것보다는 스스로 잘못을 깨닫게 하는 방향으로 유도하는 것이 좋습니다. 훈육 효과는 비슷한데 모질게 훈육하면 평생 가는 트라우마로 남을 수 있기 때문입니다. 그런 점에서 어느 잡지에 소개된 다음 사례는 모범적인 훈육 방법으로 볼 수 있습니다.*

초등학교 5학년 딸이 문방구에서 볼펜을 하나 슬쩍 들고 왔다고 합니다. 아빠는 곧장 문방구 주인에게 가 사과했고 그 문제는 그렇게 마무리되는 듯 했습니다. 아빠는 다음 날 딸을 새벽시장에 데리고 갔습니다. 날이 채 밝기도 전인데 시장은 상인들의 활기로 가득

---

* 이 내용은 출처가 미확인 된 것으로 출처가 확인되면 반영하겠습니다.

차 있었습니다. 아빠는 말없이 딸과 함께 시장을 한 바퀴 돈 뒤에 마지막으로 한마디 했습니다.

"잘 보렴. 다들 저렇게 열심히 산단다. 남의 것을 거저 먹으려고 하면 안 돼."

나중에 성인이 된 딸이 아빠에게 가장 감동받은 일이라고 말했다고 합니다. 이것이 왜 훌륭한 훈육의 방법이었을까요?

첫째, 딸에게 물건을 훔친 행동으로 자신의 가치가 열심히 사는 사람들과 비교하여 얼마나 형편없이 떨어졌는지를 확연하게 알려준 것입니다. 내 얼굴이 뭐가 묻었을 경우에 '괜찮을까?' 정도로 막연하게 걱정만 하고 끝납니다. 하지만 친구의 깨끗한 얼굴과 내 지저분한 얼굴을 거울 앞에서 나란히 비교하게 되면 내 얼굴이 얼마나 지저분한지 선명하게 깨닫게 되지요. 이것과 비슷한 이치입니다.

둘째, 현장 체험을 통해 효과를 극대화한 것입니다. 아빠는 딸을 새벽시장에 데려갔습니다. 정직하고 성실하게 일하는 사람들이 있는 공간에 데려가 시각, 청각, 후각 등 감각을 총동원시켜 나와 그들의 모습을 비교할 수 있게 했습니다. 백 마디의 말보다 더 확실하게 피부에 와닿는 방법이었지요.

셋째, 자신의 잘못을 스스로 깨닫게 했습니다. 이 훈육 사례의 가장 훌륭한 점은 아이의 자존감을 깎아내리는 말을 부모가 직접적으로 하지 않았다는 것입니다. 대신 도둑질을 함으로써 자신의 가치가 얼마나 하락했는지 아이 스스로 깨닫게 했습니다. "넌 남의 것이나 훔치는 사람!" 하고 직설적으로 말하는 것과 "새벽부터 다들 땀 흘려 일하고 있지? 돈을 버는 것은 쉬운 일이 아니야"와 같이 우회적으로 말하는 것에는 큰 차이가 있습니다. 아이에게 상처를 주지 않으면서도 강력한 훈육 효과를 준 것입니다.

이게 왜 중요하냐면 적지 않은 부모들이 남의 물건에 손댄 아이에게 선을 넘는 말로 심각한 상처를 입히는 우를 범하기 때문입니다. 그런 말은 아이의 야성의 뇌에 문신처럼 새겨져 평생 자존감을 손상시킵니다. 실제로 부모의 말 때문에 안 좋은 길로 빠진 아이들도 많습니다. 부모님들께서는 아이에게 말을 조심하셔야 합니다. 부모님께서 말하는 대로 야성의 뇌가 아이를 유도할 것이기 때문입니다.

도둑질은 거짓말이나 화를 잘 내는 것처럼 도덕과 윤리의 문제가 아니라 법적 문제로까지 번질 수 있는 심각한 사항이기 때문에 부모님들께서는 다른 때보다 굉장히 심각해지십니다. 그래서 심각한 말과 강한 훈육을 시도하는 것이겠지요. 심각한 사안이긴 하지만 아이가 상습적으로 물건을 훔치는 것이 아닌, 어쩌다 한 번 저지른 행동이라면 누구나 자랄 때 한두 번 그럴 수 있다는 여유를 가지고 대응할 필요가 있습니다.

이 사례의 아빠처럼 극적인 훈육을 하진 않더라도 아이가 순순히 자백하면 우선 피해자를 비롯한 관련된 사람들에게 사죄와 배상 등 모든 일련의 절차를 마쳐야 합니다. 그리고 아이를 앉혀놓고 훈육하세요. 이미 아이 마음도 상처 입은 상태입니다. 그러므로 다독이듯 말하는 것이 좋습니다. "그래. 이게 나쁜 행동이라는 건 잘 알고 있지?"라고요. 아이가 인정한다면 이 정도로 마무리하시면 됩니다.

"아빠가 이번만큼은 용서하지만 다음에 또 그러면 절대 안 돼? 알았지?"

"아이의 자백을 끝까지
받아내야 하지 않을까요?"

심증만 있고 아이가 훔친 것이라는 명백한 물증이 없다면 고백을 강요하는 건 좋지 않습니다. 우선 아이가 훔친 것이 아니었다면 어떻게 감당하실 건가요? 아이에게 씻을 수 없는 상처를 주게 될 겁니다. 아이가 실제로 훔쳤더라도 자백을 강요하면 문제가 심각해질 수 있습니다.

종종 "얘가 물건을 훔치더니 거짓말까지 해? 너 정말 똑바로 말 안 해? 솔직히 말하면 용서해 줄게" 하고 타협을 시도하는 부모님들이 계십니다. 아이들이 두려워서 거짓말을 한다는 것도 잘 알고, 이번 기회에 거짓말하는 사람보다 솔직한 사람이 더 멋진 사람이라는 것을 가르치고 싶지만 아이 입장에서 한번 생각해 보세요. 거

251

짓말보다는 도둑질이 훨씬 심각한 것이고 거짓말한 사람이 되는 것보다 도둑이 되는 것이 인간의 자존감을 훨씬 심각하게 추락시킵니다. 물론 아이 스스로는 자신이 도둑질한 사실을 알고 있으므로 이미 도둑이 되었지만, 타인에게 도둑으로 낙인찍히는 것은 차원이 다르게 심각한 문제입니다. 따라서 아이 입장에선 솔직해서 멋진 사람이 되는 대가가 도둑이 되는 것이라면 자신의 잘못된 행동을 솔직하게 고백하는 것은 대단히 고통스러운 일이 되는 것입니다.

주의할 점은 자백을 아예 권유하지 말라는 것은 아니라 몇 번 자백을 권유했지만 아이가 완강하게 버틴다면, 끝까지 해보자는 식으로 몰아붙이지 않는 것이 좋다는 말입니다. 몇 번 자백하라고 다그치는데도 완강하게 버티는 아이는 그만큼 자존심이 강한 아이입니다. 자존심을 다치게 되면 후유증이 다른 아이들보다 훨씬 심각할 겁니다. 그런 아이에게 자백을 강요하는 것은 아이에게 너무 가혹한 일이 될 수 있습니다.

물론 도둑질을 해놓고 안 했다고 오리발 내미는 행동이 반복된다면 심각한 상태이므로 병원에 데려가야 합니다. 그렇지 않고 평생에 한 번 정도 직면하게 된 상황이라면 적당한 선에서 눈감아주는 쪽이 안전합니다. 아

이도 이미 의심받고 궁지에 몰리면서 충분히 대가를 치
렀습니다. '내가 왜 그런 짓을 했을까?' 하고 고통을 받
습니다. 충분히 후회했기 때문에 다시는 반복하지 않을
가능성이 높습니다. 실제로 어떤 아이가 쓴 글에 이런
대목이 있었습니다.

'엄마 아빠, 그때 내가 훔쳤던 것 끝까지 추궁하지 않
고 넘어가주셔서 너무 감사했어요.'

자신감 없는 아이, 어떻게 해야 할까요?

한 초등학생에게 물었습니다.

"너는 지옥이 뭐라고 생각하니?"

"사방에·····················엄마가 있는 거요."

"그러다 늦겠다. 얼른 일어나!", "밥 먹을 때는 핸드폰 보면 안 돼.", "끝나면 곧장 학원으로 가라. 알겠지?" 아이들이 아침에 일어나서 학교에 갈 때까지 듣는 잔소리를 하나하나 세어본다면 아마 손가락 열 개도 부족할 것입니다. 적절한 간섭과 감독은 아이가 상황에 맞는 행동을 하는 데 필요하긴 합니다. 문제는 잔소리가 그 정도

선에서 그치는 것이 아니라는 사실이지요.

> "부모가 뼈 빠지게 번 돈으로 학원 보내놓으면 집중해서 들어야
> 하잖아. 너 건성으로 앉아 있는 거 아니지? 수업 시간엔 선생님
> 말씀에 집중 또 집중해."
> "종일 유튜브만 들여다보고 있네? 하루에 10분이라도 좋으니 매
> 일 빠짐없이 책 읽는 게 중요하다고 아빠가 항상 말하지?"
> "너 진짜 조심 안 할래? 왜 이렇게 덤벙거려? 대체 누굴 닮아 이
> 러니."

이런 잔소리가 아이에게 꼭 필요할까요? 이 잔소리에는 아이를 통제하려는 목적과 남과 비교하려는 마음, 부모의 기대심리가 반영되어 있습니다. 잔소리하는 부모의 심정을 모르는 바는 아닙니다. 다른 집 아이들은 야무지게 자기 앞가림을 잘하는 것 같은데, 우리 아이는 영 시원찮아 보이고 뭐든지 다른 애들보다 느리게 발달하는 것 같을 거예요. 지금 부족해 보이는 모습이 계속 이어질까 봐 조바심이 나실 겁니다. 그래서 머리로는 '그만해야지' 하는데 자신도 모르게 입에서 잔소리가 튀어나오는 거고요.

그러나 부모의 잔소리 중 많은 부분이 시간이 지나면 저절로 해결되는 것들입니다. 미숙함으로 인한 실수는 아이가 스스로 고쳐나가도록 인내심을 갖고 기다려주는 것이 좋습니다. 잔소리는 부모가

생각하는 것 이상으로 아이의 정서와 자존감에 지대한 영향을 끼칩니다.

부모의 잔소리가 아이의 앞길을 험난하게 만드는, 당장 개선해야 할 양육 방식 중 하나라고 생각합니다. 잔소리만 줄여도 아이의 자존감은 올라갈 겁니다. 앞에서도 잠깐 언급했지만 잔소리는 아이에게 '나는 이 세상을 살아갈 만한 능력이나 가치가 없는 사람인가 봐' 하는 인식을 심어줘 생존적 자존감을 낮게 만듭니다. 생존적 자존감 중에서도 특히 '자기효능감'이 많이 낮아집니다. 이렇게 되면 아이가 가진 무한한 잠재력은 고사하고 일상생활을 하는 데 필요한 평범한 능력까지도 위축되어 버립니다.

EBS의 한 프로그램에서 자존감이 낮은 여자아이의 일상생활을 보여준 적이 있습니다. 그런데 아이의 일거수일투족을 엄마가 일일이 간섭하는 거예요. 엄마와 아이가 같이 잡채를 버무리는데 아이에게 해보라고 그릇을 밀어주었습니다. 잠시 후 아이가 좀 서툴게 버무리니까 엄마가 곧바로 개입했습니다. 아이의 손을 밀쳐내고는 힘 있게 쑥쑥 버무렸습니다. 아이는 부모의 무언의 잔소리를 통해 '나는 이 세상에 살 가치가 별로 없는 사람인가?' 하는 생각이 들어 힘들어질 것입니다. 그러면 부모는 답답해서 또 잔소리하고 아이는 더 위축되는 식의 악순환이 반복될 것입니다. 이 악순환의 고리를 끊어야 하는 건 부모의 몫입니다. 그리고 그것은 당장의 잔소리를 멈추는 것에서부터 시작됩니다.

자율성을 회복한다.

잔소리를 멈추는 순간 잠자고 있던 지성의 뇌가 깨어나기 시작합니다. 명상이 뭘까요? 명상은 외부 자극을 차단하는 것입니다. 평소엔 스마트폰이니 음악이니 하는 외부의 수많은 자극이 야성의 뇌의 감정과 욕망, 기억재생 등을 깨워 지성의 뇌를 정신 못 차리도록 만듭니다. 하지만 명상을 시작하는 순간 모든 외부 자극이 차단되어 야성의 뇌는 갑자기 할 일을 잃고 멍해지며 힘을 상실합니다. 그리고 그 순간 야성의 뇌의 감정, 욕망 등을 통제하느라 정신이 없던 지성의 뇌가 비로소 제자리로 돌아와 차분하게 자리 잡게 됩니다. 주도권이 야성의 뇌에서 지성의 뇌로 바뀌는 것입니다. 이렇게 지성의 뇌가 주도권을 잡는 상태가 되는 것만으로도 사람은 마음이 평안해집니다. 원래의 자리를 찾았기 때문이에요.

아이들도 마찬가지입니다. 부모가 잔소리를 멈추는 순간, 자신의 정체성을 찾아가기 시작합니다. 아직 지성의 뇌가 다 자라지는 않았지만 초등학생 이상만 되어도 제법 의젓한 태가 나기 때문에 자신의 할 일을 스스로 찾아가기 시작합니다.

또 부모가 잔소리를 멈추게 되면 아이들은 자율성을 회복합니다. 비로소 자유를 찾게 되는 것이지요. 자율성은 주변 사람이나 상황의 압박 때문이 아니라 자기 자신의 선택과 결정에 의해 행동하는 것을 말합니다. 자율성의 회복은 곧 생존적 자존감의 회복입니다. '나는 이 세상에서 살 만한 가치가 있는 사람이다'라는 확고한 인식을 갖게 됩니다.

자율성이 보장될 때 사람은 독립적인 인격체로서 주체적인 삶을 살 수 있습니다. 인간은 단순히 자율성을 가지는 것만으로도 희열을 느낍니다. 제가 군대 신병 훈련을 마치고 훈련소에서 나온 순간 숨 쉬는 것조차 기쁘게 느껴졌습니다. 그런 자율성은 반드시 책임으로 연결되기 때문에 내가 이 자율성을 계속 지키기 위해 무엇을 해야 하는가 하는 생각을 갖게 합니다. 아이들이라고 다르지 않습니다. 자율성을 가지고 책임을 잘 완수하는 초등학생 아이를 만나보면 어린 아이임에도 의젓하고 자존감이 강합니다.

성인이 된 큰아이가 처음으로 멀리 외국에 다녀오게 되었습니다. 비행기 예약에 관해 대화를 나누다가 비행기 좌석을 일부러 통로 쪽으로 잡았다는 이야기를 들었습니다. 이유를 물어보자 아들은 창가 쪽에 앉으면 화장실에 갈 때 다른 사람에게 양해를 구하게 될 일이 불편해서 그렇게 했다고 대답했습니다. '아이고, 우리 아들이 뭘 모르네. 아빠 경험으론 화장실은 몇 번 가지 않아. 비행 시간 내내 좋은 전망을 즐기려면 창가 쪽이 최고야.' 하마터면 입 밖으로 나올 뻔한 이 생각을 속으로 삼키고 이렇게 말했습니다. "창가 쪽과 통로 쪽 모두 장단점이 있을 거야. 둘 다 경험해 보면서 어떤 게 나은지 알아가는 거다." 이 말엔 결정을 아이의 자율적인 판단에 맡긴다는 메시지가 담겨 있습니다. 창가든 통로든 어느 쪽을 선택하는 것이 뭐가 그리 중요하겠습니까. 여행을 마치고 집으로 돌아온 아이에게 그 자리가 어땠는지 물었습니다. "전망을 볼 수 있는 창가가 더 나은 것 같아요." 그렇게 자신의 자율성의 결과에 책임을 지면서 아이들은 성장해 가는 겁니다. 이것이 올바른 성장이고 지성의 뇌를 제대로 개발하는 방향입니다.

조금 크면 스스로 알아서 고칠 일들을 부모가 나서서 일일이 지적하며 교정하는 것은 바람직하지 않습니다. 부족한 점을 자꾸 지적당하면 자존감이 낮아질 뿐 아니라 의존적이고 자율성이 부족한 사람으로 자랍니다. 그러므로 부족한 점은 아이가 스스로 고칠 때까지 답답하더라도 침묵으로 기다려주는 것이 필요합니다. 아이의 지성의 뇌가 스스로 판단하고 자신의 의지를 발휘해 부족한 점을 개선했을 때 독립적이고 자기 통제력이 강한 사람으로 성장할 수 있습니다. 똑같이 공부하더라도 부모가 시켜서 할 수 없이 하는 것과 스스로 해야겠다고 나서는 것은 차이가 큽니다.

그렇다고 잔소리를 아예 하지 말라는 이야기는 아닙니다. 가령 고령의 어머니가 칠십 대 아들이 외출할 때 '차 조심해라' 하고 말했다는 우스갯소리가 있는데, 이건 오히려 해야 하는 잔소리에 속합니다. 그 말 한마디에 안전에 대한 경각심이 조금이라도 생기기 때문이에요. 안전 확률이 미세하게나마 높아집니다. 이렇게 조금이라도 효용 있는 잔소리라면 얼마든지 해도 좋습니다.

"공부해." 잔소리는 효과가 있을까요? 만일 부모가 공부하라는 말을 할 때마다 아이들의 공부 시간이 단 1분이라도 늘어난다면 하루에 천 번이라도 할 수 있겠지요. 하지만 현실은 그렇지 않습니다. 공부하라는 부모의 잔소리를 들으면 공부가 더 하기 싫어집니다. 자율성을 해친다고 여기기 때문입니다. 생존적 자존감을 낮추는 말을 들으면 살고자 하는 의욕도 공부할 의욕도 떨어집니다. 어떤 아이가 오랜만에 공부하고 싶어서 책상에 앉아 연필을 깎는 등 준비를 마치고 공부를 시작하려는 순간, 엄마가 문을 벌컥 열더니 "공부해! 공부 안 하고 뭐 하고 있어!" 하고 잔소리하는 바람에 김이 다 새서 관뒀다고 합니다.

또 아이가 회복하기 어려운 잘못을 하고 있다면 잔소리를 해서 막아야 합니다. 제가 초등학교 4학년 때였을 겁니다. 어른들이 안 계신 방에서 혼자 엎드려 책을 보는데, 옆으로 째려보는 식으로 책을 읽었더니 색다르고 재미있게 느껴지는 겁니다. 멋모르고 계속 그렇게 보다가 그만 눈이 나빠지고 말았습니다. 만약 어른들의 눈에 아이의 잘못된 행동이 발견되었다면 그렇게 하지 못하도록 곧바로 개입했을 것이고 잔소리를 반복해서라도 막았을 겁니다. 회복되기 어려운 잘못은 반드시 잔소리로 막아야 합니다.

훈육 솔루션 ②

칭찬을 아끼지 않는다.

아이에게 공부를 가르치는데 너무나 쉬운 문제를 모르고 있을 때마다 한 대 쥐어박으면서 "이것도 몰라? 다시 해봐!" 하고 다그치면 어떻게 될까요? 더 못합니다. 고등지능은 정서가 안정될 때 본래의 기능을 발휘합니다. 그런데 질책하면 스트레스 호르몬이 분비되어 지성의 뇌를 마비시킵니다. 능력이 퇴보되는 것입니다. 못하더라도 칭찬을 해주세요. "그래도 많이 맞혔다. 너니까 이 정도 하는 거야." 이렇게 말해주면 아이의 지성의 뇌가 힘을 얻어 없던 능력까지도 발휘합니다.

아이를 훌륭하게 키워낸 부모들의 이야기 중에서 공통점은 '아이가 이룬 작은 성공을 크게 칭찬했다'라는 것입니다. 지성의 뇌의 특성을 잘 알고 있는 것이지요. 칭찬을 받은 아이의 지성의 뇌가 차츰차츰 자라나서 진짜 큰 능력을 발휘하게 될 겁니다.

부족해 보이는 아이에게 자신감을 심어줘서 능력을 깨어나게 하고 싶다면 아이가 초등학생이든 성인이든 심지어 서른이 넘어도 "넌 앞으로 크게 될 거다"라고 이야기해 주세요. 그다음으로 부모가 할 수 있는 일은 그 아이가 과거에 성장하면서 성공했던 작은 경험들을 반복해서 들려주며 상기시켜 주는 것입니다. 단점이나 과거의 잘못은 드러내면 드러낼수록 아이를 위축시키지만 장점과 성공 경험은 반복할 때마다 지성의 뇌에 힘을 줍니다. 이것은 아이가 실패한 뒤 실의에 빠져 있을 때도 효과를 발휘합니다.

> "초등학교 3학년 때 이어달리기에서 1등보다 20미터나 뒤에 있었는데도 끝까지 포기하지 않고 최선을 다해서 달렸지? 결국 1등으로 들어온 아이가 실격하는 바람에 네가 1등 했잖아? 그렇게 끝까지 포기하지 않는 것도 굉장한 능력이라고 하더라. 그러니까 넌 꼭 반드시 해낼 수 있어."

이렇게 반복해서 말해주고 아예 매직으로 써서 아이 책상 앞에 붙여주세요. 지성의 뇌가 강해지고 이타적 자존감이 증가할 겁니다. 잔소리를 멈추고 칭찬 늘리기, 부족하고 서툰 아이를 잘 키워낼 수 있는 마법의 열쇠가 될 것입니다.

자존감 높은 부모가 훌륭한 자녀를 키운다

인생에는 연습이 없습니다. 아이를 키우는 일도 그렇지요. 우리 모두는 예행연습 없이 부모 역할을 맡아 육아와 자녀 교육이란 실전에 투입되었습니다. 그렇기에 많은 부모들이 선배들의 조언을 듣길 원하고, 수많은 교육책과 자녀교육 강의를 나침반 삼아 실전에 적용해 보려고 열심히 노력하는 것이겠지요.

몇 번의 훈육 시도 끝에 아이가 원하는 방향으로 따라와 준다면 아마 뿌듯하실 겁니다. 하지만 그 뿌듯함도 잠시, 아이들은 매번 이전과 비슷한 상태로 돌아가고 맙니다. 이렇게 공부는 제쳐두고 게임만 하는 아이를 말로 잘 타이르는 것에는 한계가 있습니다. '화내지 말자' 다짐하고 책에서 읽은 부모 행동 요령을 열심히 떠올려보지만 자신도 모르게 버럭 소리부터 지르기 일쑤입니다. 그러곤 '또 실패했다' 하고 좌절하시지요. 아는 것과 실

263

천하는 것은 이렇게 다릅니다. 이쯤 되면 부모님께서는 책도 강의도 다 소용없다는 생각이 드실 테고 자존감도 떨어질 대로 떨어지실 겁니다.

'오늘도 아이에게 상처 주는 말을 쏟아냈네. 부모학교 다니고 책 읽으면 뭐 해. 나는 형편없는 엄마야.'
'부모에게 사랑받아본 기억이 없는 내가 아이들을 잘 키울 수 있을까? 어떻게 사랑을 줘야 할지도 모르겠어.'
'학교 다닐 때 공부 열심히 할걸. 우리 애가 머리가 나쁜 건 다 날 닮아서야.'

여기서 무엇보다도 중요한 것은 부모가 먼저 성숙한 자존감을 가지셔야 한다는 것입니다.

부모자존감 vs 부모욕심

부모로서의 자존감, 즉 '부모자존감'은 '나는 훌륭한 자녀를 가질 만한 가치가 있는 부모'라는 의식을 말합니다. 여기서 '훌륭한 자녀'는 인성과 능력(공부나 다른 분야에서 좋은 성과를 보여주는 것)을 겸비한 자녀를 의미합니다.

이 책은 이타적 자존감을 키워 올바른 인성을 가진 아이로 성장시키는 것을 목표로 하고 있으며, 이는 곧 '자녀를 세상에 도움을 주는 사람'으로 키워내는 것을 의미합니다. 자녀를 인성 측면에서 타인에게 선을 베풀고, 능력 측면에서 사회의 일익을 담당하는 훌륭한 사람으로 키우려는 부모라면 자연스럽게 '나는 세상에 도움을 주는 일을 하는 가치 있는 사람'이라는 자존감에 닿게 됩니다.

그렇다고 해서 '부모자존감'이 높은 부모가 되기 위해 '부모욕심'을 완전히 버려야 한다는 말은 아닙니다. 부모자존감을 먼저 튼튼하게 구축해 놓은 뒤에 좋은 대학, 좋은 직장, 돈, 권력, 지위, 지식 등을 추구하길 권하는 것입니다. 부모자존감이 전제된다면 이기심에 매몰될 위험 없이 아이의 잠재능력을 최대한 끌어올릴 수 있게 될 겁니다. 물론 부모의 강요가 아니라 자녀가 자율적으로 원할 경우에는 더 큰 능력을 발휘할 수 있게 될 것이고요.

그렇다면 '부모자존감'과 '부모욕심'에는 어떤 차이가 있을까요?

이해를 돕기 위해 먼저 제 경험을 들려드리고자 합니다. 오래전 혼자 식당에서 밥을 먹고 현금이 없어서 카드로 결제를 해야 했던 상황의 일입니다. 지금이야 천 원도 카드로 결제하는 일이 흔하다지만 당시엔 만 원 이하 카드 결제는 주인에게 눈치 보이는 일이었지요. 한 식당 주인은 카드를 내미는 제게 "이봐요. 몇천 원짜리 밥 한 끼 먹으면서 카드로 결제하면 어떻게 해요?" 하고 핀잔을 주었습니다. 제 기분이나 인격은 안중에도 없고 카드 수수료만 아까워한 것입니다. 반면 다른 식당 주인은 "소액을 카드로 결제해서 죄송합니다"라는 말에 미소를 지으며 괜찮다고 해주었습니다. 그는 '나는 세상과 손님에게 도움을 주는 가치 있는 사람'이라는 높은 이타적 자존감을 가진 사람이었고, 돈 몇백 원보다는 손님의 기분과 행복을 더 중요하게 여겼던 사람이었습니다. 미안하고 감사한 마음에 반드시 재방문하겠다는 마음이 저절로 우러나올 정도였지요. 하지만 제게 면박을 준 식당엔 다신 가고 싶지 않았고 실제로도 가지 않았습니다.

제게 카드 수수료로 면박을 준 주인은 전형적인 소탐 대실형입니다. 반면 괜찮다고 미소 지은 주인은 작은 이익보다는 먼 미래를 보고 투자하는 현명한 사람입니다. 이제 이 두 식당 주인을 각각 부모로 대체해 보겠습니다. 여러분은 아이에게 내 욕심만 내세우는 부모인가요, 아니면 높은 자존감을 바탕으로 너그러움을 발휘하는 부모인가요?

'욕심'이 앞서면 야성의 뇌가 행동을 주도하기 때문에 지성의 뇌가 통제력을 발휘하기 어렵습니다. 그래서 근시안적이며 속 좁고 경솔한 행동들이 튀어나오기 쉽습니다. 하지만 '부모자존감'은 '부모욕심'보다 차원이 높고 넓으며 이성적인 개념입니다. 높은 부모자존감을 가진 부모들은 눈앞에 보이는 아이의 잘못을 질책하고 탓하기보다는 아이의 마음을 먼저 살피고 이후의 교육까지 생각하며 이야기합니다.

또 다른 예를 보겠습니다. 아이가 시험에서 아주 쉬운 문제를 틀려서 왔습니다. 욕심이 앞서는 부모는 "이런 것도 몰라?" 하고 감정을 그대로 드러내며 아이에게 상처를 줍니다. 교육상 좋지 않다는 걸 알면서도 속상한 마음이 제어가 안 되는 겁니다. 욕심에 사로잡힌 부모들은 자신들의 말과 행동이 모두 자식을 위하는 일이라고 이야기하지만 실상은 부모 자신을 위하는 경우가 많습니다. 이분들에게는 아이의 마음보다 내 속상함과 감정을 해소하는 것이 먼저입니다. '훈육해야 잘못을 반복하지 않는다'는 단순한 생각으로 자신의 경솔함을 합리화하기도 합니다. 이렇게 감정이 주도하는 훈육은 득보다 실이 되는 경우가 더 많습니다. 부모들은 그런 행동이 아이의 자존감에 깊은 상처를 입힌다는 생각을 잘 하지 못합니다. 왜 그럴까요? 욕심에 사로잡히면 야성의 뇌가 강해지고 지성의 뇌는 약해지기 때문입니다. 그래서 돈 욕심에 매몰된 식당 주인처럼 소탐대실의 어리석은 행동을 하게 되는 것입니다. 욕심만 앞선 이기적인 행동은 아이를 망칠 뿐만 아니라 부모 자신까지 망치는 경우가 허다합니다.

부모자존감이 높은 부모도 아이가 쉬운 문제를 틀렸을 때 속상한 마음이 드는 건 똑같습니다. 하지만 높은 자존감은 강한 지성의 뇌를 기반으로 합니다. 강한 지성의 뇌가 야성의 뇌에서 분출되는 욕심을 제어해 주기 때문에 차분하게 아이를 훈육할 수 있습니다. '나는 나라에 공헌하는 가치 있는 사람'이라는 인식을 가진 애국자가 사사로운 욕망을 절제하고, 군중의 추앙을 받는 지도자가 자신의 말과 행동을 조심하는 것과 비슷한 원리입니다. 이렇게 이타적 자존감이 높은 사람은 강한 지성의 뇌를 바탕으로 화를 비롯한 온갖 감정들을 너끈히 통제할 수 있습니다.

이렇듯 '부모자존감'과 '부모욕심'은 비슷해 보이지만 큰 차이가 있습니다. '부모욕심'이 부모 입장에서 생각하고 내 욕심을 채우기 위해 행동하는 것이라면, '부모자존감'은 아이 입장에서 생각하고 행동할 줄 아는 것입니다.

모든 부모는 부모자존감을 가질 수 있다

'나는 훌륭한 자녀를 둘 가치나 자격이 없는 사람'이라는 지극히 낮은 부모자존감을 가진 부모들은 아이에게 잦은 상처를 줍니다. 자신의 부정적인 감정을 있는 그대로 아이에게 쏟아내기 때문입니다. 부모 자신의 낮은 자존감이 확장되어 아이에게 흘러가는 것이지요. 낮은 자존감이 대물림되는 것입니다. 또 부부관계가 악화되거나 갑자기 생활고에 시달리게 되는 등 가정 내 문제가 생기면 그 풍파를 아이에게 고스란히 전달하는 부모님들도 계십니다. 뱉은 말과 감정은 아이의 내면에 깊게 흡수됩니다.

부모의 자존감을 비롯하여 부모가 재산, 학력, 지위 등 내적 · 외적으로 열등하다면 그 환경은 아이의 정서 및 성장 발달에 적지 않은 영향을 줍니다. 그러나 중요한 것은 이 모든 것이 반드시 대물림되는 것은 아니라는 겁니다. 열악한 환경에서도 훌륭하게 성장한 아이들이 이미 너무 많고, 반대로 물질적으로 풍요로웠던 부모 밑에서 자란 아이라고 해서 언제나 정상적인 사고를 갖고 성장하는 것도 아니기 때문입니다.

아이는 모든 면에서 부모의 영향을 받을 수 있지만 한편으로는 부모와는 엄연히 다른 독립적인 존재입니다. 자존감이 낮은 부모는 '아이가 내 모습, 내 인생을 닮으면 어쩌지' 하고 늘 걱정합니다. 부모에게 부족한 면이 있더라도 여러분의 아이는 여러분이 어떤 교육을 하느냐에 따라 얼마든지 훌륭한 인성과 인생을 살 수 있게 될 것입니다.

여러분은 모두 훌륭한 아이를 키울 자격을 갖춘 가치 있는 사람입니다. 그러니 먼저 부모 자신의 자존감을 높이는 일에 관심을 가지셨으면 합니다. 이건 여러분 자신의 내적 성장에도 큰 도움이 될 것입니다. 지금부터는 여러분의 무너진 자존감 회복에 조금이나마 도움이 될 만한 이야기를 해보려고 합니다. 부모자존감에 걸림돌이 되는 '강박'을 내려놓고, 부모자존감을 키우는 방법들을 차근차근 익혀나가실 수 있기를 바랍니다.

모범 콤플렉스에서 벗어나자

아이가 잘못했을 때 단골로 등장하는 말이 '부모가 어떤 사람일지 안 봐도 뻔하네'라는 말입니다. 이것이 아예 근거 없는 말은 아닙니다. 부모의 모습이 다른 어떤 것들보다 자녀교육에 큰 영향을 미치는 것은 사실이니까요. 그렇다고 해서 모든 잘못을 무턱대고 부모에게로만 돌려서는 안 됩니다. 이런 부담감은 부모에게 스트레스와 부담을 주고 아예 자녀교육을 포기하게 만드는 상황에까지 이르게 할 수 있습니다.

그렇다고 해서 모범을 보일 필요가 전혀 없다는 것은 아닙니다. 가장 중요한 것은 부모자존감을 단단하게 세우는 일입니다. 이는 자존감과 관련된 문제를 풀어나갈 수 있는 실마리가 됩니다. 의식의 변화 없이 모범적인 부모가 되겠다고 시도했다가는 실패하기 쉽습니다. 사람은 불완전한 존재이기에 실수하기 마련입니다. 모범을 보여야 한다는 강박에 빠져 괴로워하지 말고 아이들에게 솔직한 감정을 보여주세요. "엄마 아빠도 완벽하진 않아. 하지만 이 세상 누구보다 귀한 너희들을 '세상에 도움이 되는 훌륭한 사람'으로 키우고 싶은 간절한 마음을 갖고 있단다." 이렇게 사실대로 말하고 다가가면 아이들도 진정성을 알아줄 것이고, 때로 부모가 실수하더라도 "엄마 아빠도 그러면서 나한테만 그래?"와 같은 볼멘소리는 하지 않을 것입니다. 먼저 부모자존감을 높이려는 노력부터 시작하면 지성의 뇌의 통제력이 강해지면서 모범적인 행동들이 좀 더 자연스럽고 수월하게 나타나기 시작할 것입니다.

'나는 훌륭한 자녀를 기르는 가치 있는 사람'이다

인터넷에 회자되는 일화 중에 이런 것이 있습니다. 아들이 사춘기에 들어서면서 부모와 일절 대화를 안 하고 반항했다고 합니다. 부모는 아들과 대화하고 싶을 때마다 아들이 가장 좋아하는 감자칩을 한 봉지씩 건네주었습니다. 그러던 어느 날 아들이 우연히 안방의 옷장을 열었는데 그 안에 감자칩이 가득 쌓여 있었던 겁니다.

반항하는 자녀를 둔 부모는 자칫 감정의 소용돌이에 빠지기 쉽습니다. 하지만 이 일화 속 부모는 현명하게 자신의 감정을 다스렸습니다. 반항하는 아들에게 다그치거나 잔소리를 퍼붓는 대신 감자칩 봉지를 감정을 다스리는 유형적 수단 Tangible means 으로 사용함으로써 효과적으로 감정을 조절할 수 있었습니다. 이렇게 부모가 감정에 휘둘리지 않게 되면 '과연 어떻게 접근하는 것이 진정 아이를 위한 행동일까?' 하고 차분히 고민할 여유가 생깁니다. 즉 지성의 뇌(이타심, 고등지능 등)가 정상적으로 작동될 수 있는 것입니다.

아이를 키우다 보면 사랑하는 것과 별개로 스트레스를 받고 감정이 치밀어 오르는 순간이 있습니다. 그럴 땐 스스로 '나는 훌륭한 자녀를 기르는 가치 있는 사람이다'라고 되뇌어보세요. 제 아이들도 사춘기를 겪으면서 평소 하지 않던 반항적인 행동을 하기 시작했습니다. 어릴 때야 회초리로 종아리를 몇 대 때리면 쉽게 해결되었지만 고등학생이 된 아이를 체벌하는 문제는 좀 달랐습니다. 그로 인해 사춘기 아이가 입을 마음의 상처가 염려스러웠습니다. 아이를 체벌하면 부모자존감 또한 손상될 테니 더더욱 하고 싶지도 않았고요.

"나는 훌륭한 자녀를 기르는 가치 있는 부모이다."

머릿속에서 이 말을 계속 되뇌었습니다. 그러자 마음이 차분해지면서 무엇이 아이를 위한 최선의 행동인지 냉정하게 고민할 수 있게 되었습니다.

과거에는 아이가 거슬리는 행동을 할 때마다 저도 여러 차례 고함치고 회초리를 들고 싶은 감정과 충동에 시달렸습니다. 하지만 그 충동을 이겨내고 더 나은 훈육을 실행할 수 있었던 원동력은 높은 부모자존감, 다시 말해 훌륭한 자녀를 기르는 가치 있는 부모가 되고 싶은 간절한 마음 덕분이었습니다.

273

자녀교육의 명확한 방향성을 세우자

모든 부모들이 아이를 훌륭하게 키우고 싶어 합니다. 그런데 이 '훌륭한'의 정의란 무엇이며 어떻게 해야 그 방향으로 갈 수 있을까요? 고민할수록 어려운 문제입니다. 명확한 방향성 없이 아이를 훌륭하게 키우겠다고 말하는 건, 콜럼버스가 신대륙을 발견하리란 막연한 희망을 품고 무작정 서쪽으로 향한 것과 비슷합니다. 운이 좋으면 바라던 곳에 닿겠지만, 두루뭉실한 목표와 방향성을 가지고 항해하면 표류하기 십상입니다.

저는 이 책을 통해 많은 부모들이 '이타적 자존감'의 개념을 이해하고 여러분의 아이를 교육하는데 지침으로 삼을 만한 하나의 명확한 방향성을 제시하고자 했습니다. 여러분께서 수많은 정보 속에서 이리저리 휘둘리다가 방향을 잃지 말고 '이타적 자존감'이라는 이름의 신대륙을 명확한 목표점으로 삼길 바랍니다. 항해 경로가 정해지면 헤맬 염려도 적고, 숱한 장애물들도 미리 피해 갈 수 있을 것입니다. 예기치 못한 풍랑을 만나더라도 목표 지점이 명확하므로 침착하고 유연한 대처가 가능해질 겁니다.

아이를 키우면서 맞이하게 되는 수많은 어려움의 순간에도 '이타적 자존감'을 기르는 방향으로 훈육해야 한다는 명확한 방향성이 있으면, 감정의 풍랑과 소용돌이에 휘말리지 않고 진정으로 아이를 위한 선택을 할 수 있는 힘이 생기게 됩니다. 이렇게 명확한 자녀교육의 방향성과 부모자존감을 갖춘 여러분이라면 반드시 훌륭한 인성을 갖춘 자녀를 키워낼 수 있을 거라고 확신합니다.

공부력 · 창의력 · 사회성 높이는 인성교육의 비밀

이타적
자존감 수업

초판 1쇄 인쇄 2020년 12월 3일
초판 1쇄 발행 2020년 12월 10일

지은이 이상준
펴낸이 김선식

경영총괄 김은영
책임편집 김민정 **디자인** 김누 **크로스교정** 조세현 **책임마케터** 기명리
콘텐츠개발7팀장 이여홍 **콘텐츠개발7팀** 김민정, 김단비, 김누, 권예경
마케팅본부장 이주화
채널마케팅팀 최혜령, 권장규, 이고은, 박태준, 박지수, 기명리
미디어홍보팀 정명찬, 허지호, 김은지, 박재연, 임유나, 배한진
저작권팀 한승빈, 김재원
경영관리본부 허대우, 하미선, 박상민, 김형준, 윤이경, 권송이, 이소희, 김재경, 최완규, 이우철

펴낸곳 다산북스 **출판등록** 2005년 12월 23일 제313-2005-00277호
주소 경기도 파주시 회동길 357 3층
전화 02-704-1724
팩스 02-703-2219 **이메일** dasanbooks@dasanbooks.com
홈페이지 www.dasanbooks.com **블로그** blog.naver.com/dasan_books
종이 월드페이퍼 **출력 · 인쇄** 민언프린텍

ISBN 979-11-306-3362-6 (13370)

다산북스(DASANBOOKS)는 독자 여러분의 책에 관한 아이디어와 원고 투고를 기쁜 마음으로 기다리고 있습니다.
책 출간을 원하는 아이디어가 있으신 분은 다산북스 홈페이지 '투고원고'란으로 간단한 개요와 취지, 연락처 등을 보내주세요.
머뭇거리지 말고 문을 두드리세요.